協働する探究のデザイン

社会をよくする学びをつくる

藤原さと

平凡社

目次

作図——丸山図芸社
デザイン——三木俊一（文京図案室）

協働する探究のデザイン——社会をよくする学びをつくる

はじめに

ひとは自分の知らないものがあれば、
それを探究しなければならないということに、
われわれの意見が一致しているのだから、われわれは力を合わせて、
徳とはそもそも何であるかということを探究することにしようか。
ソクラテス（哲学者[*1]）

蛇行する歩み

私たちはどこに向かって歩いていくのか。

人生という地平でものごとを眺めたとき、私たちは何か目的があって歩いているようでいて、その実あてもなく歩いている。その足取りを振り返ってみると、あちらこちらと蛇行している。目的地に向かって懸命に歩みを進めているはずなのに、何かに阻《はば》まれる。逆に何かに思いがけず出会うことがある。足跡は常に変化する。実は誰しもそうやって歩いていないだろうか。そうした足取りは、ときに重なり合い、紡《つむ》がれ、

離れ、また出会い、新しい道を残していく。

人類学者のティム・インゴルドは、海図が与えられ航路の決まった航海と、進みながらその先を組み立て直す徒歩旅行の違いは決定的に重要であると指摘する。[*2]

30年ほど前、大学2年生のときに友人と2人でバックパッカーとしてポリネシアにあるトンガ王国を1カ月あまり旅をした。宿も決めず、海で出会った同世代の女の子たちと仲良くなり、一緒にピクニックをしたり、自宅に招かれ、庭で焼いた豚の丸焼きをご馳走になった。漁師に海に連れていってもらい、大海原で溺れそうにもなった。そもそもその前年には、考古学者に憧れてパキスタンに行ったものの、仏像を夢中になって眺める研究者たちの顔を見て、こんな情熱は私にはもてないと早々にその道は諦めた。むしろ激しい貧富の差やアフガニスタン難民キャンプの様子に強く興味を引かれ、同年ベルリンの壁が崩壊したこともあって政治学科に転部した。それからも私の人生は常にどこに向かうともなく蛇行を続けている。

インゴルドは、生はいくつかの点を直線で結び、目的に向けて最短距離を進むネットワークではなく、動的に生成的に紡がれていく網細工（メッシュワーク）であると考えた。そして生命とは「あらゆる生物が紡ぎ出す無数の糸によって織りなされる多様体」ではないかといった。[*3] このことと探究は密接に関係する。

大学卒業後、私は政策、テクノロジー、医療の分野でプロジェクトの立ち上げに携わってきた。何もないところから、あるきっかけで問いやアイディアが生まれ、さまざまな人や企業、団体が協力し、モノやコトとして結実する。先の見えないなりゆきを想像し、不安やワクワクした気持ちのなかでプロジェクトに参画してきた。

保育園の父母会での経験

転機が訪れたのは、10年前、娘が通う公立保育園の父母会長になったことだった。なりたかったわけではない。当時は育児と仕事でアップアップしていた。朝早くに娘を保育園に預け、毎日のように園でも最終のお迎えグループとなる。帰ってからも仕事は終わらない。足にまとわりつく娘を引きずりながら、電話をし、パソコンに向かっていた。十分な睡眠をとることもできないまま、あっという間に1週間が終わる。年長になると卒業対策委員（通称卒対）をしなければならないから、年中のうちに立候補しておいたほうが楽だというアドバイスを受けて、しぶしぶ手を挙げただけである。

私に限らず保育園の保護者は忙しい。父母会長になりたいという積極的な人はいなかった。じゃんけんで負け続け、最後はあみだクジで負けた。ところがスタートしてみたら、意外なことに楽しかった。園の活動に参加することで、親同士の交流が増えた。催し物を企画すれば子どもたちは喜ぶ。震災の次の年だったので、福島にある保育園に絵本や手紙を送ったり、運動会の手伝いをアレンジしたり、父母会改革をした

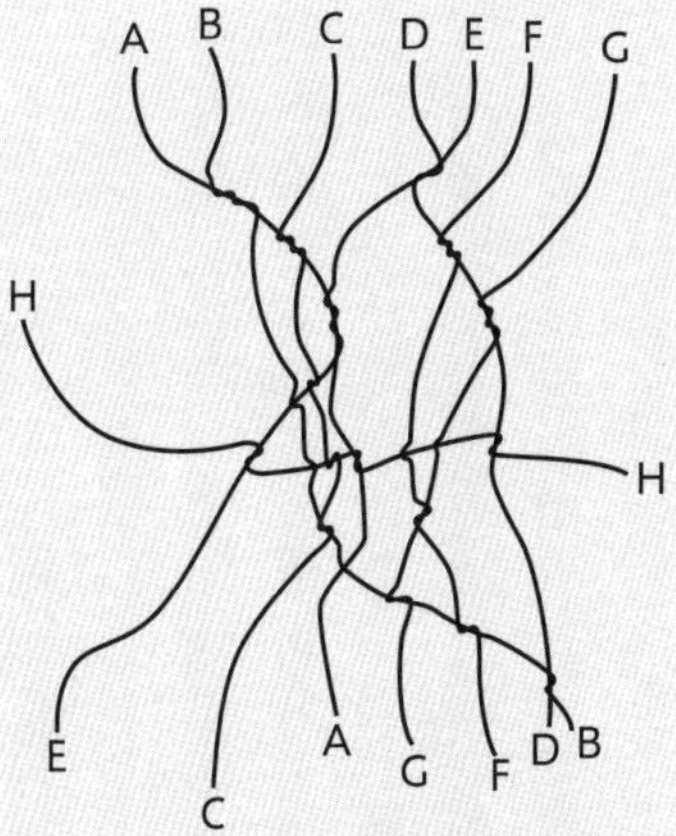

メッシュワーク（徒歩旅行）

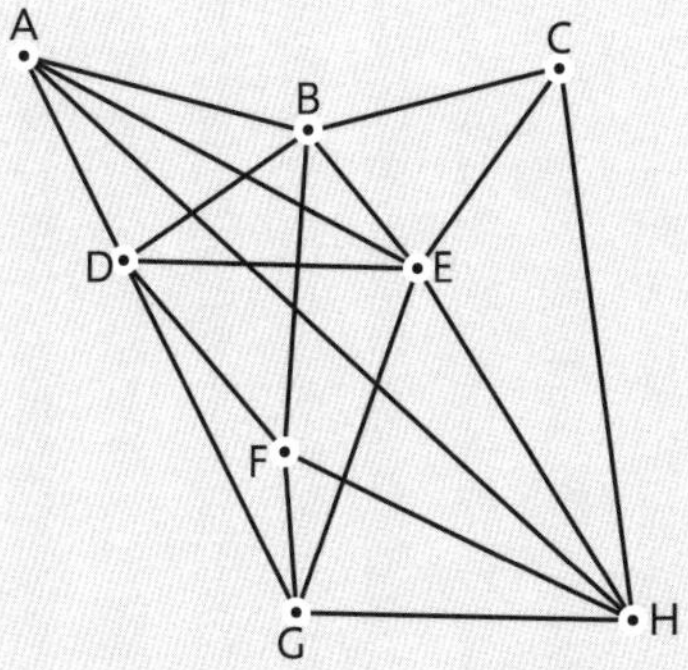

ネットワーク（輸送）

ティム・インゴルド『ラインズ』より

りと、役員を含めたチームで動いていた。本業の仕事では、子育てに制限され思ったようなパフォーマンスが出せないことも多い。しかし、父母会の仕事ではちょっとしたことで感謝されることも多く、小さな喜びを感じることができたのである。そんななか、娘と同じクラスのお友達のお母さん、林正愛《リンジョンエ》さんと話すことが増え、卒園したとしても地域の子どものために何かできることがあればしたいね、という話になった。

当時、娘の通っていた目黒区立ひもんや保育園は、東京大学名誉教授の汐見稔幸先生から厚い信頼を寄せられる井上さく子先生が園長を務める、自由保育の園だった。将棋やコマでずっと遊んでいる子、泥団子を一日中作っている子がたくさんいた。お迎えにいくたびにどんどんできあがっていく砂場の町を見るのが楽しみだった。

子どもたちの主体性は、園の行事でも重んじられていた。学芸会では劇に使う絵本を自分たちで選び、娘のクラスは「エルマーの冒険」となった。エルマーをやりたい子がたくさん出てしまったので、子どもたちはどうしたらいいかと話し合い、段ボールをマジックボックスと名づけ、それに複数のエルマーが隠れて、入れ代わり立ち代わり演じるというアイディアを考えだした。運動会のリレーでは誰がどの順番で走るのかも、子どもたちで決めていた。

また民俗学者柳田《やなぎた》国男（1875―1962）の『遠野物語』の舞台として知られる岩手県遠野出身の井上先生らしく、園には見えないかっぱがいることになっていた。遠足などでは子どもたちのお弁当から先生たちがこっそりきゅうりなどをぬきとる。子どもたちは、かっぱの仕業だと大騒ぎ。そんな園だったこともあり、小学校にあがると急に机に座って、さまざまなことを覚えたりテストされるだろうことに、ざらりとした違和感を抱いていたのである。

保育園の父母会長をしていたときに、大道芸人の風船太郎さんのパフォーマンスを催したことがある。子どもが大きな風船の中に入ってしまったり、風船太郎さんが風船に入ってぴょんぴょんと飛び回り、階段を降りていく。馬鹿げているといえば馬鹿げているし、シュールな何ともいえない光景だが、子どもたちは大喜び。笑い転げて、風船を追いかけて走り回り、目を輝かせてバルーンアートができる様子に見入る子どもたちを見ているうちに、風船と共に私のなかで何かが弾けたような気がした。

「探究する学び」との出会い

学校にいる間は、常に「正解」というものがあって、いかにスピーディに正解にたどり着けるか、またどれだけ多くのことを記憶しているかが問われる。しかし一旦社会に出てみるとそこに「答え」はない。だったら、どうして学校は答えのあることばかりするのだろう。そんな素朴な疑問について林さんと話し合ううちに出てきたのが「こたえのない学校」というアイディアである。しかし彼女も私も教師ではないどころか、教職課程を取ったことすらない。子どもたちも経験できる「こたえのない学び」というものがどういうものなのか、皆目見当がつかないまま、教育に関連する本を読み、人づてで教育活動をしている人に話を聞くことを始めた。

幼児教育でよく知られるモンテッソーリ（1870-1952）やシュタイナー（1861-1925）などから読み始め、いくつかの学校も見学した。しかし、幼児教育の分野ではすでにプロがたくさんいる。せっかくだから教育者としての経験がない自分たちも参画ができ、地域も巻き込み、子どもにとっても有意義な楽しい活動が何かできないか。私たちは仕事を通じて、テクノロジーの進化が加速し、さまざまな価値観や社会の仕組みが大きく変化しているのを肌で感じていた。また、海外で学んだり、外国の人たちと仕事をするなかで、さまざまな文化背景や信条をもつ人たちと一緒に力を合わせ、新しいものを創造していくことは喜びだった。そんな経験を子どもたちと共有し、何か役に立てることはないだろうか。

実は、そんなことを考えていたのは私たちだけではなかった。周りでも自分たちの社会での経験を伝え、子どもたちと一緒によいときを過ごしたい、そういう大人が多かったのだ。でも、どのように子どもに接していいのかわからないし、自分の仕事や経験をレクチャー型で幼い子どもたちの前でプレゼンしたからといって、子どもが喜ぶとは思えない。2013年の7月には子どもたちが大学の将棋部のメンバーに「どうぶつしょうぎ」を学ぶワークショップも実験的に開催してみたが、将棋の技術習得を超えて「人生の学び」として発展させていくイメージがもてなかった。何か現実社会における大人の真剣な営みと子どもの将来を繋ぐような教育手法はないものか。そんなふうに探し続けていたときに出会ったのが「探究」という言葉だった。

今も大変お世話になっている市川力《ちから》さんが校長をされていたオルタナティブスクール「東京コミュニティスクール」のワークショップ（２０１３）で、国際バカロレアの初等教育プログラム（ＰＹＰ）で採用されている米国の教育者リン・エリクソンの「概念型カリキュラム」の考え方を知ったのである。

伝えたいコンセプトに基づいてワークショップを組み立てていくフレームワークの方法は、私がまさに仕事でプロジェクトをつくるときのやり方そのものだった。そのようなものが学校カリキュラムとして存在することを知って、心の底から驚いた。断片的な知識を覚えるのではなくて、何らかのかたちに繋ぎ合わせてそれをコンセプト化したり、仮説を立て、構造化する。散らばったものを組み立て、自ら意味合いを見出す、そこにはまさに人間の知の面白さがあった。

そんな出会いもあって、見よう見真似で、２０１４年に大人と子どもが出会う小学生向けの探究のプログラムをつくり始めた。とはいえ、所詮は教育の経験のないまったくの素人がつくるカリキュラムである。初年度は公民館などを借りて、東京コミュニティスクールのアドバイスを受けつつ、ドキドキしながら一つずつプログラムを実践していった。それにしてもフレームワークの力は偉大だった。実践を積み重ね、その度にスタッフと共に振り返り、改善を施すことで、子どもたちはより集中してプログラムに取り組むようになり、私たちもびっくりするような作品をつくるようになった。5年をかけて、テクノロジー、医療、ビジネス、アート、国際開発などさまざまな分野で30以上のプログラムをつくっていった（実例を含め、詳細は後述する）。

そうやって実践を重ねるなかで、「探究」イコール「概念型カリキュラム」でもないことに気がついていった。探究学習にはさまざまな考え方や手法があることを知り、もう少し学びたいとその分野で実践や研究をしている教育者と繋がり始めた。そのうちに、当然、探究とは何かという問いも湧いてくる。だったら「探究」という言葉をキーワードに教育実践をされている方たちに集まってもらって、「探究を探究する」プログラムをやってみるのはどうだろうか。そんなことを考えて学校の教員や民間の教育者たちが探究する学びをつくる場を設けた。それがLearning Creators' Lab（以下LCL）である。

他者との協働でつくり上げるプロジェクト

LCLは、2016年に「探究を探究する」をテーマに、約8カ月をかけて、教育者たちが４、５名のチームをつくり、プロジェクトを立ち上げる「ＬＣＬ本科」からスタートした。徐々にコースが増え、現在は約７カ月をかけて探究学習のベースを支える「社会性と情動の学習（SEL：Socail Emotional Learning）」を学ぶ「Schools for Excellence」、半年にわたってカリキュラムマネジメントを学ぶ「カリキュラム工作室」、教育哲学を学ぶ「哲学登山」があり、全コース含めて毎年１００名ほどを受け入れている。本書においては、ＬＣＬ本科の内容を中心に据えつつも、探究学習を支えるＳＥＬやカリキュラムデザイン、教育哲学の内容を盛り込みながら、「探究」とは何かということについて考えていく。

ＬＣＬ本科において大切にしていることは、さまざまな探究学習の思想やスタイル、方法を学びつつも、自らの探究者としてのあり方を見つめ、プロジェクトを共にするメンバーと対話を重ねることである。決まった手法を単に真似たり活用するのではなく、それぞれの探究の考え方の底に横たわる共通の構造を自分なりに感じ取り、プロジェクトを推進していく。まさに、自らの道を歩みながらも、そこで出会った人たちと影響を与え合い、変容しながら新しい道を生成し、モノ・コトを生み出していく。

ＬＣＬ本科では、インゴルドが指摘するようなネットワーク型で最短距離を走る探究を教えることはしない。自分とは違う経験と信念をもつほかの教育者と共に何かを生み出すために、まずその方法から話し合って決める。自然と自分自身が何者であるかを振り返ることになるが、それは他者を本当の意味で受け入れるために、必要な準備である。自分とは違う他者との相互理解をもとにした創造は、ジョン・ロールズ（1921-2002）という政治哲学者がいみじくも〝コーポラティブ・ベンチャー〟という言葉を使った通り、民主主義の根幹ではないだろうか。

逆説的であるが、自らが唯一の個性的な探究者であることが心底わかれば、本当の意味で他者と協働できるようになる。一人ひとり固有の探究者である子どもたちの個性的な歩みも尊重することができる。LCL本科では旅をメタファーとして、参加したメンバーに自らが探究者であるということと、自分らしい探究人となり、その人らしい実践をすることを求めている。その上で、みんなで探究するということはどういうことなのかを身体で学んでいく。

LCL本科のプログラム

2022年11月27日、同年度のLCL本科の最終発表があった。第6期生となる36名のメンバーは、3月下旬から8カ月一緒に過ごしてきた。参加者は首都圏の1都3県からだけではなく、大阪・広島・新潟・滋賀・福岡・長野・静岡・北海道・富山・名古屋・三重など全国から集まった。公立小中学校の教員が3分の1程度、私学や高校の教員も入れると全体の8割程度が学校教員だ。ほかには教育委員会、民間企業、民間教育機関、地域魅力化、自治体議員、幼児教育、保護者など教育を軸としながらもさまざまなバックグラウンドのメンバーが集まっている。以前は月1回を目処に全国からこたえのない学校の拠点のある東京に集まっていたが、新型コロナウイルスの感染拡大により、夏の合宿と最終回以外はオンラインで開催することとなった。

2022年度は3月にチームビルディングを行い、4月に探究のマインドセット、5月に生活・総合学習と国際バカロレア、6月に米国プロジェクト型学習を、第一線の実践者からワークショップを通して学んだ。理論の概観ができたところで、7月にはプロジェクトチームを編成し初期的なプロジェクト計画をしたのち、8月にはLCL本科3期生の渡部由佳さんが東京都檜原村で開いたMOKKI NO MORIでテントを張って合宿をした。林業を営む東京チェンソーズのみなさんに指南してもらいながら、里山の保全の一環として古道を復活させる「道づくり」をする。みんなヘルメットをかぶり、トンガ（唐鍬）という開墾作業に使われていたクワを持ち、汗だくになりながら作業をする。ワイワイとみんなで道を作り、開通したときの気分は爽快である。

その後、中間発表や子どものための哲学の実践ワークショップを経て、11月の最終発表会は夏合宿以来のリアルの顔合わせで実施することとなる。ほとんどは都内の会場に集まったが、JICAの青年海外協力隊でアフリカのマラウイに派遣されているメンバーと、第一子の出産と重なったメンバーはオンラインで参加した。プレゼン用の動画を作成したものの当日高熱を出して不参加となったメンバーもいた。いずれにしても実際に会えるのは本当に嬉しいひとときである。

最終発表会3週間前には、第1〜5期生がメンターとなって、6期生のプロジェクトの進捗を聞き、話し合う場を設けたが、全然進まずに泣きそうな顔をしているチームも複数あった。上述の通り、メンバーは春から第一線の実践者たちにワークショップのかたちでさまざまな理論を学んできている。しかし、頭で理解することと、実際にチームでプロジェクトのアイディアを生み出し、つくり上げることはまったくの別物である。四苦八苦するチームには、かっこいいプレゼンを求めているわけではないので、うまくいかない場合はそのプロセスをしっかり振り返り、心を揺らすものを発表してほしいと私から伝えた（メンバーが学んだ理論は2章、プロジェクトアイディア生成についてては6章、チームの編成プロセスは7章を参照）。

それぞれの探究テーマ

2022年度のチームは全部で8つ。発酵食品をテーマに「発酵万博」を考えたチームは、夏からさまざまな発酵食品を作り、その道の専門家に話を聞いていたが、夏以降の展開は困難を極めた。ラストスパートで、テーマを「大人の探究の発酵実験」

Learning Creator's Lab（2022年度）

＊LCL本科で取り扱う理論は例年マイナーチェンジを行う。2022年度、イエナプランは個別ラボで実施し、哲学対話は10月に行った。
＊＊哲学登山では教育に関する哲学書を通じ、具体的な問題について協同で探究している。たとえば「現象」は現象学、「アート」はカント、デューイなどの古典から、日々の教育現場にアプローチする。

に改め、それぞれが「自らの発酵」を探究した（第6章でこのチームを例にした他者との協働によるプロジェクトづくりを詳しく紹介する）。

食材の調達・餃子作り・実食と対話を通して、深い自己認識と広い自己開示をもたらす新時代のワーク「Feel《フィールド》餃子」を開発したチームは、手を動かす餃子作り、心を動かす食事と対話が自己認識と自己開示に大きく寄与することを発見し、ロバート・クロニンジャーの生物学的パーソナリティ理論と対比させた「自己開示GYOZA-MODEL」を面白おかしく発表した。

「エージェンシー・興味はどこからくるか」を本質的な問いと設定し、「新しい学び場づくり」をテーマに活動してきたチームは、最終発表日前日に湘南の海岸に集合し、夕日を見ながら、夜は焚き火を囲んでゆったり過ごすことを決めた。当日は焚き火によってなぜ人は本音をさらけだしてしまうのか、余白や沈黙などのもつ意味について語り合った。一方で、海岸で通りすがりのおじさんに絡まれ、地元のおばちゃんたちに教育を論されたハプニングもあったそうだ。

「大人の文化祭」をやろうと張り切ってスタートしたチームは、実はみんな文化祭よりも運動会が好きだったと途中で気がついてしまう。「チーム・スポーツフェスティバル」と名前を改めたところで、これまでまっすぐと思っていた道が少しずつ曲がっていたり、先の方で行き止まりとなっていることに気がついた。そこで「そもそも探究とは?」という問いに立ち返り、あらためてメンバー間の対話を進めた。

当初、プロジェクトの魅力を発信する紙媒体に可能性を感じていたチーム「ZINE」は、語り合っていくうちに「人との関わりで自分がどう変わり相手がどう変わるのか」という問いが生まれていった。「学び続けたいと思える授業をつくりたい」「熱中をどう生むか」「バーバパパの学校に憧れた」「公教育を変えたい」と対話を続けるなかで、「極限状態でヒトは何を感じ、何を考えるのか」を考え、結局みんなで伊勢の白瀧大明神に滝に打たれに行ってしまった。

「無人島に滞在したい」から始まったチームは、どんな場所でも豊かに生きる力について深めることとなった。どんなときに豊かに生きていると感じるかと出来事をもち寄るうちに「豊かに生きる」をアーカイブにして「豊か図鑑」「豊か地図」などを作るアイディアが出てきて、最終的には、自分の豊かさとみんなの豊かさを共有し、対話でわかち合う「ゆたかーど」を開発。浅草の川沿いに集まって、豊かさ×「自由」「自然」「色」「土」「道」「家族」「天気」などの絵付きのカードを作成していった。

それぞれの幸せや価値観に触れ合うような機会をつくりたいと考えたチームは、対話を重ねるうちに、収束がつかなくなってしまう。そこで、「じぶんちず」を作り、もち寄るなかで、最終的には「幸せを感じるには、自分を知ることが大事である」というアイディアに到達し、自分・他者を知る(理解を深める)ための価値観が浮かび上がるような問いを集めた「MY SELFトランプ」を開発した。

生まれ育った地域のよさ、場所の不思議について興味をもち「リアル桃鉄」をテーマにしたチームは実際に地域を歩いて回って浮かんだ疑問をベースに対話した結果、そのテーマを「子どもの夢の街・遊び場プロジェクト」へと大きく変更する。「子どもの住みやすさとは何によって決定されるのか」「子どもの理想の遊び場は何によって満たされるのか」などの問いが立ち上がる。プロジェクトはまだ途中だが、最終発表ではメンバーそれぞれの「道」を漢字一文字（歩・感・信・点）にまとめ、発表した。

遠くに行きたいなら、みんなで行け

発表当日はＬＣＬ発足のきっかけを与えてくれ、全体のプログラムデザインを一緒に考えてくださった軽井沢風越学園校長の岩瀬直樹先生が来てくださった。発表に対しては問題の指摘やフィードバックなどはせず、合間に岩瀬先生と私が対談形式でプロジェクトの話を膨らませていく。２０１６年ＬＣＬの発足当初からプログラムデザインを共に進めてきた寺中祥吾さんの絶妙なファシリテーションで、会場の熱はだんだん上がってくる。２０２２年度の全体テーマは「わたしの道、あなたの道、みんなの道をつくる」だったが、どのチームもまさに徒歩旅行のように蛇行しながらも生成するような道を歩んでいた。あるメンバーはこのプロセスを以下のように振り返った。

プロジェクトを授業で取り入れたい！　生徒に協働でつくり上げる経験をさせたい！　と思って参加したLCL。こんなに誰かとプロジェクトをつくっていくことが難しく、面白いものだとは知りませんでした。テーマが決まらなさすぎてあっちこっち、たくさん寄り道もしましたが、結局この行ったり来たりしているときが楽しかった。なんやかんやと関係ないことを話しているうちに、いろんなことが結びつき、4人の意見が重なり合って一つのものにたどり着くあの感じ、何とも言えない感情になりました。決して見通しもよいわけでもなく、凸凹《でこぼこ》の道ではあったけれど、とっても素敵な道をつくれたなと思います。

アフリカに「早くに行きたいなら一人で行け、遠くに行きたいならみんなで行け」という格言がある。この言葉の後半部が意義深い。固有の探究者である「私」が違う個性をもつ探究者との協働によって、世界を広げ、新しい何かを生み出していく旅の意義を示している。例年、最終発表のプレゼン終了後には「今日が新しい旅の始まり！」と言って送り出す。もう300名を超える教育者コミュニティとなっており、期が終わってもプロジェクトが継続するケースも少なくない。3期生で同じプロジェクトチームだった堺谷《さかいたに》武志さん、蓑手章吾さん、五木田《ごきた》洋平さんは、ヒロック初等部という学校をつくってしまった。

これからの子どもたちは、かつてないほど変化の多い世界で生きていかなければならない。しかし、先が見えなくとも、まずは歩き出さなくてはならない。探究が何かということについては、この本を通じてまさに探究していくが、スタート時点で探究の先の答えは見えていないことが、まず大前提である。答えが見えていないなかで、すったもんだするのが探究といってもいい。しかし、答えのない授業なんて設計できるものなのだろうか。見えていないものをどのように求め、その道のりをどう考えていったらいいのだろうか。

そのときに一人ぼっちで歩くことにリアリティはない。つまり、他者と協働し、生きていくことが前提だ。探究する学びとはつまるところ、未知のものに出会ったときに、私たちがどのようにふるまい、向き合うかを学ぶことではないだろうか。本書では、そうした協働する探究をどのように学びとして設計し、デザインしていけばいいのか、みなさんと考えていきたい。

私なりの見方・考え方の提示

実は、今回ＬＣＬでの取り組みを軸に探究する学びの実践についての本を、というお話をいただいたとき、さまざまな探究の手法や思想をどのように紹介するかについてはかなり悩んだ。実際に作業は難航した。私自身が「探究」というものを学ぶとき、それはまさにメッシュワーク的である。そのまま私の学びの過程を記述したら、あちらこちらに頭をぶつけ、支離滅裂になってしまう。だからといって、今私が「探究」についてどう考えているかをスナップショットとして書くと、「これが私の（確定的な）探究」という主張に見えてしまいそうである。

ただ、結果的に私は後者の方法をとった。前者のやり方のほうがあくまで自分の経験を記述していくのだから、社会的な批判は浴びにくい。後者はどうしても、世の中にあるさまざまな「探究」について概観し、私なりの見方・考え方を通じてそれらを整理していくため、何か世に私の意見を問うているように見えてしまう。LCLで扱う探究の手法や理論はさまざまなレイヤーにおける多様なアプローチを扱っており、内容も多岐にわたる。こうした手法や理論の間で使われている多様な言葉のすべてを定義し直し、紡ぎ合わせるようなことは、紙幅としても私の能力としても到底不可能だ。そうなると、どうしても仮説的で大雑把な紹介となり、いわば建築途中の建物を公開するようなかたちにならざるをえない。

しかし、後者の方法をとったのにはそれなりの理由がある。2020年以降、小中高と新しい学習指導要領が順次導入されている。学習指導要領は、全国小中高どこの学校でも一定の水準が保てるよう文部科学省が定めている教育課程の基準で、およそ

10年に一度改訂される。教科書や時間割は、これをもとにつくられている。

今回の学習指導要領改訂で探究という言葉が多く使われるようになった。特に高校学習指導要領では探究の過程を重視した「総合的な探究の時間」「理数探究」が新たに設定され、古典、地理、歴史、世界史もそれぞれの構成のなかで古典探究、地理探究、歴史探究、世界史探究という教科名となった。また、「主体的・対話的で深い学び」を実現させることが謳われ、そのための一つのプロセスとして知識の習得や活用だけではなく探究までが学びのスコープ（範囲）に入ることとなった。

永遠の問い

前著『「探究」する学びをつくる』を出してから2年が経った。10年前に「探究」という言葉に出会ったときは、教育の現場ではほとんど知られていなかったことを考えると、様変わりの様相を呈している。教科書にもネットにも参考書にも探究という言葉がたくさん使われるようになった。「探究的な」授業をつくってみたいという問い合わせも増えた。しかし、探究という言葉が広く使われるようになったのと同時に、その意味がどんどん希薄になっていく気がした。「探究」が流行り言葉のようになり、深く理解されないまま、あちらこちらで踊っているように見えたのだ。

しかし、この状況は、教師の理解力不足で引き起こされている現象なのだろうか。

私はそうは思わない。探究に関して教師たちが手にする情報は、非常に断片的で、誤解を恐れずにいえば、玉石混交である。さまざまな手法・研究はあるが、それぞれの関連が見えにくく、全体像を摑むことがとても難しい。探究の全体像が捉えられないなかで、受け取った情報の吟味方法も自身の実践への取り入れ方もわからないのである。いわば、地図がないまま右往左往しているようなものである。日々悩み続けている教師たちを前に、どんなに不恰好であったとしても手がかりのようなものを提案することはできないだろうか。

私が出会ったときに鮮烈な印象を受け、夢中になり、未だその魅力にとらわれ続けている「探究」という言葉。どんな言葉でもそうだが、大事に扱って問い続けないと活力を失ってしまう。探究する学びの計画と実践は簡単だといえば簡単だが、難しいといえば難しい。みんながそれほど真剣に考えず、世の中の潮流だからという理由だけで実践し、少し試してみて上手くいかないと「こんなものは有用でない」と切り捨てられてしまうことがある。そのようなことが続くと「探究」も流行り言葉として終わってしまうだろう。実はこうした繰り返しは30年前の生活科の導入から、もしくはそれ以前、明治時代に学制が導入されてからずっと続いてきた。これでは、いつまで経っても「主体的・対話的で深い学び」がメインストリームにならない。

そこで、「探究」が何であるかということについて、力量不足であることは重々承知しながらも、今、私の手元にあるものを出してみた。その方法は研究者のとるものでは当然ない。プロジェクトによって何かを生み出すことが大好きな一人の学び手による手記である。さらにいうと、私自身、リーダーとしてではなく、あくまで一探究者としてLCLに関わってきた。そもそも10年、20年、もしくはそれ以上の実践経験があり、日々子どもたちと向き合い続ける教育者たちの集う場で、私に教えられることなど何もない。

パレスティナで生まれた米国の文学研究者エドワード・サイードは「アマチュアリズムとは、文字通りの意味をいえば、利益とか利害に、もしくは専門的観点にしばられることなく、憂慮とか愛着によって動機づけられる活動のことである」[*4]といった。この言葉に励まされつつ、専門家でないなりに探究の面白さと深さについてできうる限り伝えてみたいと思う。私にとっては探究が何かという問いは永遠のもので、今日新しい風景を見たとガッツポーズをとったら、次の日にはモヤモヤと霧がかかっているようなものだ。こうした玩具箱をひっくり返したようなものを世に出すことに対する恥ずかしさはあるが、本書が「探究を探究する」きっかけとなり、少なくとも探究という言葉を好きになってもらい、教育者には教室で実践してみたいと思ってもらえれば本望である。私の工事中の建物を見ながら、至らない部分を指摘いただき、最終的には一人ひとりがユニークな自分の建物を建ててもらえるともっと嬉しい。

本書の構成

第1章では、探究の歴史を見ていく。探究の概念は古くはプラトン（BC.427-BC.347）、アリストテレス（BC.384-BC.322）に始まり、ジャン＝ジャック・ルソー（1712-78）の『エミール』を契機に近代教育が胎動する。20世紀初頭の新教育運動、そして教育学における20世紀最大の思想家といわれるジョン・デューイ（1859-1952）の思想においても探究は大切なものとして扱われている。日本の生活・総合学習もこうした流れと無縁ではない。

第2章では、LCL本科で扱っている探究の思想や手法を中心に、世界におけるさまざまな探究学習について概観する。具体的には世界中で実践されている国際バカロレア、1900年前後に高揚した新教育運動にルーツをもつオランダのイエナプラン、米国で広まるプロジェクト型学習、日本における生活・総合学習、グローバルに展開する子どものための哲学、そして日本における創造性開発のための学びを「ジェネレーター」という概念を中心に紹介する。

第3章では、第2章で紹介したさまざまな探究のあり方を探りながら、それらに共通する構造を見ていく。基本構造はデューイの探究の定義を補助線にしながら、協働する探究には中心軸が必要なことを提案する。その上で、その構造は柔軟に活用できることを示す。

第4章においては、問いを中核に置いた探究する学びのデザインを考えていく。欧米の多くの探究学習において本質的な問いの設定は極めて大事なものとされる。教室の中でどのようにそのような問いをデザインしていくのかについて考える。

第5章では、概念（コンセプト）を中核に置いた探究する学びのデザインを考えていく。ビジネスでは、新規事業を立案するときに中核となるコンセプトを立てることは日常である。学術研究や芸術的な創作、社会的な活動でも同じことがいえる。概念は協働して何かを生み出していくとき、創り上げた何かを広く他者と共有していくときの要となる。

第6章では、課題解決による探究のデザインを見ていく。具体的なアクションから考えていくことで、実践的で楽しいカリキュラムをつくることが可能となる。課題解決において親和性が高いのは米国のＩＤＥＯ《アイディオ》というデザインファームが考案したデザイン思考や、日本における創造性開発の手法であるので、それらを紹介していく。

第7章においては、探究の評価を扱う。新しい学習指導要領は、ＯＥＣＤ（経済協力開発機構）が世界的に共通に認識できるように整理したコンピテンシー概念を参照して作成されている。探究する学びのデザインとＯＥＣＤのコンピテンシー評価はきれいにリンクする。子どもたちの知識や技術、それを活用する力、そして最終的な人間性は、どのように評価されていくのだろうか。

第8章では、探究における協働のデザインについて考えていく。探究する学びは、そのベースに共同体としての心理的安全性が担保されていなければ、うまく回らない。今、世界的にも「社会性と情動の学習（SEL：Social Emotional Learning）」が注目されている。教室にいる一人ひとりの子どもが、自己理解をベースとして、他者を理解し、優しい気持ちでいることができないと、協働して何かを創り上げるという営みに繋がらない。アカデミックな知識を習得しつつ心も育てていけるのが探究する学びの醍醐味であり、いかにしてこうした心理的安全性をもたらすことができるのかについて具体的な方策を探っていく。

第9章では、探究はそもそもどこに向かうべきかということについて考える。もちろん探究は教授型の授業より活動的であり、学習の意味を感じやすい優れた方法である。しかし、人は戦争を計画するためにも探究することがあり、探究そのものは学びの倫理性を担保するものではない。そこで欧米では公教育においても公正、平和、福祉などの目標を設定することによって、そうした欠点を補い始めている。人間性の涵《かん》養《よう》と幸福に繋がるための探究の究極のあり方について最後に考える。

1 探究の歴史

私は本当の旅の時代に生まれ合わせていればよかったと思う。[*5]
レヴィ＝ストロース（社会人類学者）

1 西洋と日本における教育の歴史

西洋における古代〜ルネサンス期までの教育

そもそも探究とは何なのだろうか。探究という意味をもつ言葉（ギリシャ語でzētēsis）[*6]は、古くはアリストテレスが教育思想を論じた『ニコマコス倫理学』の知的な徳（アレテー）の議論に頻出する。また、現在の教育の文脈で引用される探究（Inquiry）の定義は、プラグマティズムという思想の生みの親である米国の哲学者チャールズ・パース（1839-1914）のものである（定義は後述）。しかし、ここでは探究とは何かを考える前に、西洋の系譜を中心に学びの歴史、学びとは何かについて少し考えてみたい。

当然ながら、私たちが文字をもつ前から学びは存在した。狩猟採集民は、狩りの方法やその獲物で何が食べられて何が食べられないかを子どもたちに教えただろう。歌が上手な人は歌を教えたかもしれない。そして、古代ギリシャのアテナイにおいては、すでに学校が存在していた。7歳くらいまでは母親と乳母の保護を受けるが、その後は音楽学校や初等体操学校に通い、読み書きを習ったという。アテナイの教育の担い手は歴史上最初の職業的教師集団とされるソフィストと呼ばれる人たちであり、彼らはアテナイ生まれではない外国人たちが中心で、各地を旅して政治や社会制度や自然現象等について知識を身につけた人たちだった。[*7] そうしたソフィストを批判し、対話によって善き生を生きることを説いたソクラテスはあえて自分を先生とは呼ばせず、若者たちと対等に接したという。

そうしたソクラテスの遺志を継いだプラトンは学園アカデメイアを開く。プラトンの著作『メノン』では、「徳は教えることが可能か」という問いにおける探究がなされている。[*8] アカデメイアで学んだアリストテレスはリュケイオンを立ち上げ、歩廊でまさに歩きながらその教えを語ったため、逍遥《しょうよう》学派ともいわれる。また、ここで収集された膨大な書物はのちの本格的な図書館の先駆ともなったという。

ローマ時代に入ると、読み書きのための初歩教育機関が生まれ、上級でギリシャ語・ラテン語を学び、修辞学を教える高等教育機関もできていった。西ローマ帝国滅亡から10世紀にわたるヨーロッパ中世は、文化的には不毛の時代ともいわれたが、教会が教育および学問研究の役割を担った。中世にはそのほかにも騎士としての道徳・行動規範を教える騎士道、ギルドの徒弟教育などがある。そして、西洋史学者の阿部謹也氏によると、カテドラルをもつ教会が聖職者育成のために建てた学校に学生が藁束を持って集まり、回廊のあたりで教師の話を聞いたところから大学が始まったそうである。[*9] 12世紀にはボローニャ大学が法学研究をスタートし、パリ大学、オックスフォード大学が発足する。

そして、14〜16世紀のルネサンス期には、ギリシャ・ローマの古代文化を理想とし、中世の人間観・世界観から離脱し、新しい文化を生み出そうという運動が起きた。しかし、その教育は当時の商工業者や貴族などの上流階級に限られ、一般庶民のものではなかった。オランダ生まれの人文主義者、エラスムス（1466–1536）は子どもの奴隷化を厳しく批判、子どもたちは愛情をもって接せられなければならず、ときに子どもは遊ぶように学ぶことを勧めた。[*10] その後、16世紀の宗教改革を経て、いよいよ近代に入っていく。

ルソーに始まる近代教育

1762年に出版された『エミール』は近代教育の古典であり、著者のジャン＝ジャック・ルソーは人が自分自身であるため、一個の人間であるために、いかにあるべきかを問うた。「万物をつくる者の手をはなれるときすべてはよいものであるが、人間の手にうつるとすべてが悪くなる」[*11]という言葉から『エミール』は始まる。ルソーは自然状態にあれば善い子どもを、いわば醜悪な大人の世の中で、枯れないように育てることを求めた（消極的教育）。また、人がどのような条件下で学び、成長していくかを研究するにあたって、とりわけ子どもにとってその条件を観察し、研究することが重要だと指摘した。

その後、ルソーの人間性の教育という考え方は、ドイツの哲学者で大学で教育学の講義をもったカント（1724–1804）やスイスの教育実践者ペスタロッチー（1746–1827）に影響を与えていく。大学でルソーの思想に触れ、触発されたペスタロッチーは20代半ばで農業を始め、凶作に喘いだ村の貧民の子たちを引き取って、貧民学校をスタートさせた。彼は、貧民も国王も同じ人であるからこそ、あらゆる人がその人間性を成長させる一般教育を主張した。ドイツの教育者フリードリヒ・フレーベル（1782―1852）は、ペスタロッチーと若き頃に出会い、一時期一緒に仕事をし、鮮烈な印象を受ける。フレーベルは遊具としての積み木の発案者として有名だが、その後、一般ドイツ幼稚園を創設し、幼児教育の父と呼ばれるようになる。

そして、ルソーとペスタロッチーの思想に体系を与え、科学的教育学として成立させようとしたのが、ドイツのヨハン・ヘルバルト（1776―1841）である。ヘルバルトの4段階教授法（明瞭・連合・系統・方法）は、全世界の教育に影響を与えた。

ところで、ペスタロッチーの「自然の道」という考え方は日本の教育に大きな影響を与えている。ペスタロッチーは、人は人生の悦楽と浄福（つまり喜びと安らぎ）を究極的な目的として、その本質、そして真理を探究して「自然の道」を歩むと考えた。こうした理念は、日本の「生活・総合学習」の分野でも大切にされている。料理やおつかい、動物の世話のような身近な生活からスタートし、実際の生活感覚のなかから、一つひとつゆっくりと学ぶ方法である。そうした「自然の道」はいずれは物理や芸術など世界のすべてに繋がるのだから、無理やり職業の技術を教え込もうとしたり、知識を直接伝えるような不自然なやり方をしてはならないと厳しく戒めた。[*12]

同時期、ローマ・カトリック的な普遍主義に代わって、絶対専制君主による国家主義が台頭し、国家（国王）に最高の価値を置く考え方を国民に普及させるための義務教育という構想が現れる。代表的なものがプロイセン王国における民衆教育政策であり、国家の安定・発展のために必要な人材を育成するようになる。そして封建的政治体制が資本主義経済体制に移っていくと、封建的束縛を打破する私的所有権の主張、自然権としての基本的人権を掲げて、職業選択の自由や私有財産制を求めて絶対王政を打破する市民革命が起きてくる。フランス革命の立役者の一人、コンドルセ(1743-94)は自ら理性的に考え行動する自律的個人の育成が公教育の目的だと考えた。1833年にフランス、1852年にアメリカ合衆国、1870年にイギリスで初等教育法が制定される。

そうした学校教育が始まってまもなく、19世紀末から20世紀はじめにイギリス人教育家セシル・レディ(1858-1932)の田園教育や同じくイギリス人教育家A.S.ニイル(1883-1973)のサマーヒル学園の創設、そしてエレン・ケイ(1849-1926)『児童の世紀』が発表され、児童生徒の活動性、自主性、創造性を重視する児童中心の思想が展開されるようになる。それは1900年から30年に世界的な新教育運動というムーブメントに繋がっていった。シュタイナー教育、モンテッソーリ教育もこの期間に生まれ、世界中のあちらこちらで同時多発的に新しい学びのかたちが試行された。特に1921年に発足した新教育連盟(NEF:New Education Fellowsip)は強い組織力をもち、各界からマリア・モンテッソーリ(1870-1952)やペーター・ペーターゼン(1884-1952)のほか、ヘレン・パーカースト(1887-1973、ドルトンプラン提唱者)、セレスタン・フレネ(1896-1966、フレネ教育創始者)など著名な教育者、心理学者のジャン・ピアジェ(1896-1980)、詩人のタゴール(1861-1941)のような錚々たる顔ぶれが集まった。[*13]

米国で生まれたプラグマティズムと探究学習

一方で探究という言葉が近代教育の文脈で使われ始めたのは米国である。その背景には、1870年代に生まれたプラグマティズムという思想がある。この思想の生みの親であるチャールズ・パースは私たちが真であると思う認識と探究を結びつけた。つまり「真理とは、理想的な探究の無際限な継続の果てに見出されるであろう、最終的な信念の収束点のことである」と定義したのである。[*14] また、疑念が刺激を受けて信念に到達しようとする努力を、必ずしもぴったりとした名称ではないと前置きしつつ、探究と名づけた。[*15] 次章で紹介する「子どものための哲学」のマシュー・リップマン(1923-2010)の『探求の共同体』はパースの思想の影響を色濃く受けている。

プラグマティズムの思想を世界に向けて広く発信したウィリアム・ジェイムズ(1842-1910)は「私たちが抱く観念や信念が真理」であるのは、それが有用であるからであり、私たちがそれを行為において充足し、真理化することが可能であるからだとした。こうした有用性と行為を大切とする考えは、今の社会にとって大事で価値あるものを心と身体をフルに使ってつくり上げるというプロジェクト型学習（PBL）の思想に直接繋がっている。[*16]

そして、パースとジェイムズの思想のよいところを組み合わせ、プラグマティズムを教育学に応用したのが、ジョン・デューイである。１８９６年、シカゴ大学哲学科教授だったデューイは個人宅を借りて、15名の生徒と共に実験校をスタートさせた。[*17]そして、ウイリアム・ヒアド・キルパトリック（１８７１‐１９６５）がデューイ理論の簡易な実践化のための方式として１９１８年「プロジェクト・メソッド」を発表。新しい教育に挑む実験校に籍を置く教師たちは、１９１９年に進歩主義教育協会を結成する。１９３０年代に入ると、実験校を通じて開発されたプロジェクト型学習の形態が「コース・オブ・スタディ」改訂運動として全米各地の学校へと広まっていった。[*18]

日本における自由な学び

教育思想史家の辻本雅史氏によると、19世紀の日本は民衆の学習熱が高揚し、手習塾から最先端の洋学塾までさまざまの私的な塾が成立した「教育爆発の時代」であったという。18世紀後半にはすでに、藩校の増加による武士教育の一般化、医学校の増加、都市はもちろん、農村部まで寺子屋が普及していた。そして、伊藤仁斎の古義堂のように、師と門弟を分けず、茶と菓子を持ちより討論したり、福沢諭吉が学んだ緒方洪庵の適塾のように先輩が後輩を教え、酒も飲めば悪戯もするような自由闊達な空気のなかで学ぶスタイルもあった。西郷隆盛（1828‐77）や大久保利通（1830‐78）などが育った薩摩藩では「詮議」といって、ケーススタディを討論する、今でいう課題解決型学習のようなものも行われていた。そうした学びが明治維新を経て、学制によって近代的な学校教育へと整備されていく。1890年に教育勅語が発布されたのちは、国家主義、全体主義、軍国主義へと移りゆく空気のなかで教育も抑圧されていったが、大正自由教育運動、生活綴り方、信州の教育など、児童中心の学びは細々とであったが受け継がれていった。

2 伝達するか、構成するか

永続主義から社会改造主義まで

学びの歴史を概観したところで、あらためてここで探究について詳しく見ていきたい。左頁の図では、左から右に向かって時代が新しくなり、歴史的にもさまざまな主義の変遷があったことが示されている。そして、それぞれの主義には、その考え方を支える学習観（「教える」「学ぶ」についての考え）、子ども観、知識観などがある。

「学び」に関する5つの考え方

	永続主義 Perennialism	本質主義 Essentialism	進歩主義 Progressivism	実存主義 Existentialism	社会改造主義 Social Reconstructionism
「教える」「学ぶ」についての考え	伝達	伝達	構成	構成	構成
「生徒」についての考え	否定的見解	否定的見解	肯定的見解	自分の生を生きる	チェンジメーカー
「知識」についての考え	知識は永続的なもの	知識は将来のための準備	自ら意味合いを見出すもの	個人の人生を豊かにするもの	社会的変革を促すもの
「知ることの価値」についての考え	人間的合理性の追求	将来への準備	人生を彩る経験	自分を知り意味のある人生を送ること	社会変革

Theodore Brameld, *Becoming A Teacher* (10th Edition), Forest W. Parkayから筆者作成

たとえば、一番左の永続主義は、教育の究極の目標は、人間的合理性の追求、つまり人間を合理的な人格へと成長させることだと考え、知識を永続的なもの、普遍的なものであるとする。よって、最高の教育とは、自由や正義などを論じている人文学の最高の著作に出会わせること（「伝達」）であるとする。ヨーロッパ中世の教育など伝統的な高等教育の多くがこれにあたる。

左から2番目の本質主義は、プロイセンの国家主義的教育が当てはまるだろう。伝統的な概念、理想、技能などの文化遺産は社会にとって重要であり、それらをめぐる教材はすべての児童に、秩序立て、教え込まれるべきだと考える。人は伝達され、教えられなければ学ばないと考え、知識は将来に備えるものとなる。たとえば国家で工場労働者の需要が増えてきたら、それに対応する。教授の効率性が重要視され、子どもたちは一斉に同じカリキュラムを学ぶ。

表の真ん中の進歩主義から、大きく教育観が転換する。まず学びは何か正しいものを誰かから教えてもらうのではなく、自ら経験し、失敗しながら意味合いを見出すプロセスになる。学びのベクトルがまったく逆向きになるわけである。こうした教育観の大きな転換点は、まずルソーの『エミール』にあったことは前述した。

右から2番目の実存主義になると知識の目的は、自らのことをよく知り、意味のある人生を送ることとなる。そして、一番右の社会改造主義となると、さらに進み、人は自分個人の生を生き切るだけではなく、社会を変革すべき存在足りうると考えられるようになる。ブラジルでの識字教育で実績を上げ、社会的被抑圧者と共に対話を行うことによって社会変革を推進することを提唱した『被抑圧者の教育学』のパウロ・フレイレ（1921‐97）、そして進歩主義の活動から始まり、晩年に向けて学校と教育に社会改造の役割を見出していった後期のジョン・デューイ、貧困やホームレスなどの問題を教育によって解決しようとしたジョージ・カウンツ（1889‐1974）らがこの考え方の代表者である。

本書では、大きく分けて、図の右側3列を「探究する学び」と整理する。特に「教える」「学ぶ」に関して、左側の2つの主義は伝達的価値観（Transmission View）、右側3つが構成的価値観（Constructive View）と分かれる。伝達的価値観と構成的価値観の違いは、以下のように考えられる。

伝達的価値観（Transmission View）

・まず知識を与え、学びをガイドし、知識・スキルを発展できるようにしていく。

・子どもの行動を変化させることに重点を置く。学びは刺激とその刺激に対する反応から生まれる。外部的な働きかけによって〝学び〟が起きるという考え方をする。

構成的価値観（Constructive View）

・自ら学ぶ子は、興味、過去の経験、現在の理解度を土台にして、自ら学びを構成していく。

・生徒の経験と認知にフォーカスする。学びは、個人的な経験がその子の考えや行動に変化を及ぼすときに発生する、と考える。

・学びとは、外発的ではなく内発的に起こるものであると考える。

構成的価値観は、スイスの心理学者で自己中心性など子どもの思考の特質を研究し、次いで乳児期からの知能や思考の発達過程を分析したジャン・ピアジェらの知識観、ソ連の心理学者ヴィゴツキー（１８９６－１９３４）の「発達の最近接領域」理論などと相性がよく、現在の認知心理学などの分野に発展していった。また、米国の発達心理学者のブルーナー（１９１５－２０１６）は、ヴィゴツキーの理論をもとに「足場かけ（Scaffolding）」というアイディアへと発展させ、子どもが課題にとりかかるときに教師や年長者が必要に応じて助言や援助などの支援をすることの重要性について言及し、米国では有効な指導法として一般化されている。

探究する学びは構成的価値観に支えられるものであり、人から教わるのではなく自ら学ぶ経験を重要視し、その経験が考えや行動に影響を及ぼすときに学びが発生すると考える。つまり、すべての学びのサブセットとして探究する学びがあり、さらにそのなかに国際バカロレアやプロジェクト型学習、子どものための哲学などさまざまな学び方がある、ということになる。

ここで大事なのは、探究する学び、構成的な価値観が正しく、伝統的価値観が間違っているという風に断定しないことである。ヴィゴツキーも示す通り、私たちは歴史の発展のなかで、さまざまな科学的概念を進化させてきた。昔は地球の周りを太陽や星々が回っていると考えていたが、今は地球が銀河系に所属し、太陽の周りを回っていることは科学的な常識である。しかし、こうしたことは普通に経験を積み重ねるだけでは到達できない概念であり、子どもが自発的に獲得することは難しい。良質な「教授」によって、私たちはより真理というものに近づくこともあるのである。

また、誰しも構成的な価値観と伝統的な価値観が入り混じっていることが実際には多いし、探究学習やプロジェクト型学習の過程であっても、古典をしっかり読み込むというような永続主義的な学びの要素が入り込み、入れ子構造で学んでいくことのほうがむしろ普通である。人は一つの主義だけで生きているわけではなく、その時々で違った考え方を使い分けている。大事なのは、伝統的な価値観に基づいた教授と構成的な価値観に基づいた探究をバランスよく取り入れ、調和のとれた総体的な学びの経験をデザインしていくことではないだろうか。

2

世界のさまざまな探究

深く探究すればするほど、知らなくてはならないことが見つかる。
人間の命が続く限り、常にそうだろうと私は思う。[*19]
アインシュタイン（理論物理学者）

1　LCL本科の6つの探究学習――それぞれの歴史と特徴

世界的な認知、実践数、歴史を考慮する

第1章において、構成的価値観に基づく学びが探究であると整理した。その分類に

準じて、ＬＣＬ本科で紹介している各探究学習の理論や手法を簡単に説明する。紹介している探究学習は以下の通り。

・国際バカロレア（グローバル）
・イエナプラン（オランダ等）
・プロジェクト型学習（PBL：Project Based Learning）（米国／グローバル）
・生活・総合学習（日本）
・子どものための哲学（P4C：Philosophy for Children）（グローバル）
・創造性教育・生成する学び（日本）

ＬＣＬ本科で探究の手法を紹介するにあたっては、世界的な認知、実践数や歴史の長さのあるものを基本に、日本の学校教育との親和性を考慮に入れて選定している。背景にある理論がしっかり説明できるもので、現在においても実践と研究が継続し、たゆまぬ革新がなされているもののみに限定している。さらに講師は必ず実践現場をもっている方にお願いしている。

国際バカロレアについては、国際バカロレア日本大使の坪谷郁子さん、日本国際バカロレア教育学会副会長で、岡山理科大学教育学部教授のダッタ・シャミ先生、日本の小学校初の国際バカロレア初等教育プログラム認定校でコーディネーターを務め、現在は「概念型のカリキュラムと指導」公認トレーナーとして活躍されている秋吉梨恵子さん（LCL本科1期生）に協力いただいている。

イエナプランについては、日本初イエナプランスクール認定校、大日向小学校の立ち上げに尽力された中川綾さん、日本イエナプラン教育協会理事で、大日向小学校教諭の原田友美さん（LCL本科1期生）にお話を伺ってきた。

米国プロジェクト型学習（PBL）については、公立チャータースクールでは米国随一の実践で知られるハイ・テック・ハイで18年教諭を務め、ハイ・テック・ハイ教育学大学院でのコースも担当するジョン・サントス教諭にワークショップをお願いしている。

日本の生活・総合学習に関しては、長野県の伊那小学校・中学校の校長を歴任し、現在信濃教育会の会長をされている武田育夫先生にお話を伺っている。2022年は伊那小学校・中学校で実践をされた3人の先生方にも対話の時間をいただいた。

子どものための哲学（P4C）については、立教大学文学部教授の河野哲也先生、NPO法人こども哲学おとな哲学アーダコーダ理事の清水将吾さんに、哲学対話のファシリテーションをしていただいている。ちなみに5年ほど前、冒頭に紹介したティム・インゴルドを読むといいと、当時まだ邦訳のなかった『生きていること（原題：Being Alive）』の原著をくださったのが河野先生である。

日本において求められる創造性教育については、生成する学びに身を委ねるための探究マインドセットをベースにした活動を行う一般社団法人みつかる+わかるの代表理事、市川力先生にお話しいただいている。市川力先生には、LCLメンバーの探究する感性と身体をほぐすために、ワークショップ初期や夏のキャンプで重要な役割を担っていただいている。

国際バカロレア——国際的な視野から平和を担う人間を育む

まず、探究学習を知りたいと思ったときに、世界中の多くの教師が標準的なものとして参照する国際バカロレア（IB：International Baccalaureate）を紹介したい。IB機構は、本部がジュネーブにあり、国際的な教育プログラムを提供する組織である。IBは2度にわたる世界大戦への深い反省とともに、一国主義教育ではなく、世界平和に寄与する人材を育成することを目的として1968年に発足した。2023年12月末時点で、世界160の国・地域における約5700校に導入されている。[*20] 日本での認定校数は229校（初等教育プログラム60、中等教育プログラム37、ディプロマ・プログラム67、候補校65）。その実践校の多さと、オーガナイズされた教師教育の仕組み、実践事例の共有と研究の量・質双方の高さは、世界随一である。先進的な研究や新しい方法が常に検討され、世界中の認定校に反映され、実践による追試が行われるので、国際的にも

ＩＢは探究学習の補助線として機能しているといっていい。

ジュネーブは世界各国から国連などで働く職員や外交官の子女が集まる地である。設立当初、彼らの母国における高等教育への進学問題が大きな課題だった。せっかく国際的な環境で勉強したのにその学力を証明する手立てがほとんどなく、あったとしても国際学校のカリキュラムに連動していなかった。よって、母国での高等教育にアクセスできないのみならず、留年する生徒も多かった。そこで、学力を保証するディプロマ（学業証明）を出す、というのがＩＢのスタートだった。こうした学校では、さまざまな人種と宗教・文化的背景の子女が集まる。イスラム教徒、ヒンズー教徒、仏教徒、キリスト教徒が一緒に学ぶことは日常の風景だ。民主主義の国から来た子もいれば、社会主義の国から来る子もいる。よって、特定の思想やイデオロギーから自由なカリキュラムを組むことが必要で、こうした環境から開発された学習フレームワークから学ぶことはとても大きいといえる。

国際バカロレア機構の発行している『国際バカロレア（ＩＢ）の教育とは？』[*21]の冒頭にはＩＢの使命として以下のことが記されている。


国際バカロレア（ＩＢ）は、多様な文化の理解と尊重の精神を通じて、より良い、より平和な世界を築くことに貢献する、探究心、知識、思いやりに富んだ若者の育成を目的としています。（略）ＩＢのプログラムは、世界各地で学ぶ児童生徒に、人がもつ違いを違いとして理解し、自分と異なる考えの人々にもそれぞれの正しさがあり得ると認めることのできる人として、積極的にそして共感する心をもって、生涯にわたって学び続けるよう働きかけています。

２０２２年2月よりロシアによるウクライナ侵攻が開始されたが、ＩＢの学校でロシア人とウクライナ人が同じクラスにいるということは十分にありうる。そのようなときにどのようにして争う2国の生徒が、安全に歴史や紛争について対話することができるのだろうか。日本も中国や韓国、北朝鮮などの近隣諸国との関係において、さまざまな課題を抱えている。そういったときに、どうしたら私たちは中国人や韓国人のクラスメイトと話し合い、深い関係性を築き、問題が発生したときによりよい解決策に向けて協力することができるのだろうか。

ＩＢプログラムのねらいは人類に共通する人間性と地球を共に守る責任を認識した国際的な視野をもった人間を育てることにある。児童生徒は自身のものの見方、文化、アイデンティティを振り返り、他者の異なる信念や価値観、および経験に対しても価値を見出していく。さらには、権力や特権に対する批判的考察や、未来のために地球とその資源を託されているという児童生徒の自覚を育み、認識や理解の先にある「行動」によって意義ある変化を起こす人間を育てていくのである。[22]

こうした全人的な人間性を表すものとして、ＩＢでは10の学習者像（探究する人・知識のある人・考える人・コミュニケーションができる人・信念をもつ人・心を開く人・思いやりのある人・挑戦する人・バランスのとれた人・振り返りができる人）を設定している。そのなかでも「探究する人」はプロファイルの筆頭になっている。ＩＢの教師は児童生徒の好奇心を育み、熱意をもって学ぶ喜びを生涯を通じてもち続けるように導き、公正な考えと強い正義感をもって行動する思いやりのある人を育てていくとともに、教師自身もそれを目指していくことが求められているのである。[23]

違いを見据え、共通性を見出す

なお、ＩＢは、当初大学など高等教育機関へ入学できるように16歳から19歳を対象としたディプロマ・プログラム（DP：Diploma Programme）からスタートしたが、その後、11〜16歳を対象とした中等教育プログラム（MYP：Middle Years Programme）が１９９４年に設立され、ついで１９９７年に3〜12歳を対象とした初等教育プログラム（PYP：Primary Year's Programme）ができた。

ＬＣＬ本科では教科の枠を越えたテーマの概念理解に重点を置いた探究学習の方法を学ぶために初等教育プログラムを、批判的思考力を育む問いの重要性を理解するためにディプロマ・プログラムの必須科目「知の理論（TOK：Theory of Knowledge）」を主に学んでいる。

ＩＢの初等教育プログラムでは、国語・算数・理科・社会などの従来型の教科の枠組みではなく、「私たちは誰なのか」「私たちはどのような時代と場所にいるのか」「私たちはどのように自分を表現するのか」「世界はどのような仕組みになっているのか」「私たちは自分たちをどう組織しているのか」「この地球を共有するということ」という、教科の枠を越えた人間の本質、そして人間の共通理解のために設定された6つの抽象的なテーマを主として学んでいく（単元作成の方法は、２０２０年度から導入されている現行の学習指導要領に応用可能な、概念を使った教科横断のカリキュラムマネジメントの考え方に沿っているので、第5章で後述していく）。

具体例を挙げると、小学校3年生の場合、「私たちは誰なのか」をテーマにした約6週間の探究ユニットでは、「私たちが信じ、価値づけているものが私たちとなる」という単元を概括するセントラル・アイディア（Central Idea）を学ぶために、お正月のお節料理やお葬式・結婚式、地域の祭り、家のルールなどについてそれぞれ家庭や地域の人に聞いてそれがどのように自分たちに伝わってきたのかを調べたり、友達との違いや共通点について話し合っていく。そのなかで自分の信じているものは、自分の経験に大きく影響され、その経験には歴史や社会が関係し、また私が信じるものは当然にお友達とは違う、ということをさまざまなアクティビティや対話を通じ感じ取っていく。

ＩＢでポイントとなるのは、「みんな違うね」で終わるのではなく、違いを見据えつつ、人間としての共通性を見出すことである。上記の単元であれば年末年始にお祝いするクリスマスや正月などの具体的な催しのかたちはその国や地域によって違っても、「誰しもが先祖から受け継がれた文化を信じ、大切に思っている」ということは、共通する。こうして、人種や文化、宗教的背景が違っていても、必ずお互いに共通のものを見出し、尊重することができ、それが世界平和の構築のための根幹となるとＩＢは信じているのである。

また、ＬＣＬ本科で「知の理論」を紹介するのは、それがメディアリテラシーともいわれる、テレビや新聞だけではなくＳＮＳなどで私たちが日頃接する情報がどれだけ信頼できるものか吟味する態度や能力とも直結するためで、現代の日本にとっても平和な世界を構築するために必須なスキルであると考えるからである。

たとえば、ウクライナ侵攻によって西欧諸国を中心に大きな批判をされているロシアは、メディア統制によって国民に真実を伝えていないだろう、と私たちは考える。しかし、そう考える私はどこでその情報を受け取ったのだろうか。自己の知識への徹底的な批判の態度をもっていないと、情報統制に晒されたときにより正確な情報にアクセスし、合理的な判断に基づいた行動をすることができなくなってしまう。2回にわたる世界大戦への深い反省から生まれたIBは、ヒトラーのような独裁者が出てきても、その考えを批判的に捉え、勇気を振り絞って自分が正しいと思える行動を起こすような子どもを育てたいと考えているのである。

「知の理論」は、高校2年間のディプロマ・プログラムの間に100時間の必修として全員が受けるもので、徹底的に自分の知識を批判的に考察していく時間となる。たとえば、文化の影響を受けない知識はありえるのか、歴史学者は客観的に歴史をつくることはありえるのかという問いが示され、それに対して批判的に考え、エッセイを書いていく。

特に「私たちはどのようにしてそれを知るのか」は中心となる問いとして繰り返し問われ、自分の知識がどのようにでき上がり、いかにバイアスがあるかを学ぶ。そのなかには宗教のテーマも当然含まれる。自分の思考にバイアスがあることがわかれば、人の思考にバイアスがあることも見抜けるようになる。お互いの知識の前提を知ることによって、よりよいコミュニケーションが可能になる。そこには、世界平和のためには自己を疑い尽くさなければならない、という強烈なメッセージがある。

IB校の認定校でない日本の学校が「知の理論」をそのまま導入することは認められない。しかし、考え方を取り入れていくことは十分可能である。ある事象や概念の正しさや本質を問うだけではなく、徹底的に自らの知識を問い直していく態度は、日本の学校教育のなかでも育てられていかなければならない。プロパガンダだけではなくＳＮＳで真偽の定かではない情報に晒され、何を信じていいのかわかりにくい今の時代、徹底的に自己の知識のあり様を問うていくことは、ますます重要になっていくだろう。

イエナプラン——生命に対する畏敬から始まる

次に、オランダで普及するイエナプランを紹介する。イエナプランはＩＢと同じく、平和への希求がその根幹にある。しかし、ＩＢが抽象概念をベースとした知識獲得や批判的思考の育成に力点を置き、理性的・論理的な平和解決を目指すのと比べ、あるべき人間像、社会像から導かれた学校像から、具体的な日常の環境、教師、生徒の姿が演繹的に記述され、示されているのが特徴である。また、ＩＢは全世界における学習スタンダードに適用できるように抽象的な表現が多いが、イエナプランは異年齢学級や、自由進度で自学自習する教科学習の時間、学校環境の設定方法など具体的な方策が示されるため、多くの教師がわかりやすく感じるようだ。

日本では１９８４年にペーター・ペーターゼンの著書『小さなイエナプラン』が紹介されたことによって高く評価されるきっかけとなった。その後、２００４年にオランダ在住の教育研究家、リヒテルズ・直子氏が『オランダの教育』においてイエナプランを日本に紹介し、2010年には日本イエナプラン教育協会が発足した。2019年には長野県に日本初のイエナプラン認定校である大日向小学校が開校し、2022年には広島県福山市立常石ともに学園が公立小としてはじめてイエナプランに基づいた学校教育を開始している。

イエナプラン教育のスタートは、1924年にドイツ・イエナ大学の附属小学校で同大学の教育学教授であったペーターゼンが始めた実験的な学びである。第二次大戦中は存続したが、のちにイエナが東ドイツ圏となり、共産主義の政府と対立したため、1949年には閉校、ペーターゼンは大学を追放され、西ドイツに亡命し、1953年に亡くなった。[*24] ペーターゼンは弟3人を戦争で亡くしたが、そのうちの一人がナチス・ドイツ軍の中枢にいたこともあり、そのことで批判も受け、自らも自責の念をもっていたという。2度と戦争を起こさないためには教育を変える必要があると考え、授業は「生命に対する畏敬」から始めるべきだと考えた。そして、実際の社会と繋がった環境で共生することを練習し、自分で考えられる人を育てる学校を目指した。

ペーターゼンが亡くなったあと、1950年代に教育の自由への改革が進むオランダでスース・フロインデンタール（1908–86）によって紹介された。新教育フェローシップのオランダ支部にあたる養育・教育刷新研究会の書記を務めていたフロイデンタールは、1952年頃にペーターゼンの教育思想に出会いその理念に共感し、イエナプランの普及に尽力した。1960年には、オランダではじめてのイエナプラン校が設立された。フランスの教師セレスタン・フレネが始めたフレネ教育を信奉していた教育者たちがイエナプラン教育に触れ、学校での実践に取り込んでいったという[*25]。以後、民主化と子どもの個性の尊重に力点を置いたオランダの教育改革の潮流と教育の自由もあって、オランダでイエナプランは広がっていった。2020年時点で、オランダ全国に、公立校・私立校を合わせ、200校以上のイエナプラン小学校があり、ドイツでも50校程度があるそうである。その数は決して多くはないが、1981年のオランダの初等教育法にはイエナプランの思想から多くのアイディアを取り入れた項目が並んでいる[*26]。

イエナプラン教育は20世紀初頭の欧州の新教育運動の一翼を担う。フロイデンタールらは、ペーターゼンの教育理念を理解しつつも、イエナプランの方法をそのまま取り入れるのではなく、目の前の子どもたちに合う教材・授業方法を、少人数の勉強会をもちながら研究開発し、オランダの教育制度のなかに普及させていった。1992年に採択された「20の原則」は、今もイエナプランスクールすべてが学校要覧に掲載しなければならない極めて重要なものとなっている。20の原則では、「どんな人も世界にたった一人しかいない人として、かけがえのない価値をもっている」「どの人も自分らしく成長していく権利をもっている」などのさまざまな約束が示されている。

2009年にはすべてのイエナプランスクールが目指すべき目標であり、実践の見直しや評価、研修の枠組みに活用されている「コア・クオリティ」が決定された。[*27]コア・クオリティは、子どもの「自分自身との関係」「他の人との関係」「世界との関係」について定められている。つまり、子どもたちが「自分とどう繋がるか」「他者とどう繋がるか」「世界とどう繋がるか」について言語化されており、本書においては第7章の評価の項で詳しくみていく。

蜂を探究する

「世界とどう繋がるか」に関連するワールドオリエンテーションという活動が、子どもたちが世界と繋がりながら問いや関心から学ぶ探究の時間となる。日本初のイエナプラン認定校で、学校教育法にも認められた一条校である長野県大日向小学校では、2022年度1〜3年生（下学年）までの異学年混合の、日本における学級に相当する「ファミリーグループ」で、6月から7月にかけて「蜂」を探究した。[*28]下学年に在籍している87名が3つのファミリーグループに分かれ、それぞれにグループリーダー（教員）が2名配置されている。きっかけはゴールデンウィークに養蜂をしているおじいちゃんの家に行った子が分蜂《ぶんぽう》というミツバチの引っ越しについて話をしたことだ。

なぜそんなことをするのかという問いが生まれ、別の家の巣箱を見せてもらうことになった。

ちょうどそのときグループリーダーたちは次のワールドオリエンテーションをどうするかという話をしていたため、3つのファミリーグループが一緒に蜂について取り組むことに決めた。調べてみると学校から歩いて10分のところに養蜂場があり、車で1時間ほど行くと蜂天国という大きな巣のアートが見られる場所もあった。蜂天国のオーナーの塩澤義國さんはスズメバチの大ファン。ミツバチだけではなくスズメバチについても調べることとなり、巣をもらってみんなで割り、ハニカム構造の段ボールを使って実物大の模型をつくる子たちも出てきたという。

教員にあたるグループリーダーたちは、こうした子どもたちの問いや興味関心を大切にし、それらとしっかり繋がる学びの環境を整えることによって、子どもたちは明らかに自律的な学び手として育っていくという。4〜6学年（上学年）で修学旅行に行ったときにゲームは持っていかないと決めていたが、スマホでゲームをしていた子がいたとき、生徒たちは、先生に言いつけるのではなく、自分たちで話し合って方針を決定したそうだ。

イエナプランは、「一人ひとりの個別の発達を最大限にすることを目指すのではなく、人は誰でも他人との関わりをもつことで人間らしくなる」と考える。ペーターゼンは、共に生き、共に学ぶことが教育の中心にあると考えた。イエナプランでは、「対話」「遊び」「仕事（学習）」「催し」が「共に学ぶ」の4要素として示されており、リズミカルに組まれた日課に沿って、遊びながら、仕事をしながら、対話をしながら、また共に催しに参加しながら、共同体として学んでいく。

ペーターゼンが何より大事にしたのはペタゴジカルシチュエーション（子ども学的状況）[*29]だった。子どもたちは、たくさんの問いを抱えて生き生きと生きている。子どもたちの経験世界に寄り添うことで、私たちは教育を生きたものにすることができる。子どもたちは、自然に触れたり、博物館に行ったり、音楽を奏でたり、哲学をしたり、絵を描いたり、庭仕事をしたり、さまざまなことをするように挑みかけられ、刺激されなければならないとペーターゼンはいう。まさにペタゴジカルな環境を整え、子どもたちに自ら主体的に取り組むように促していくのである。

米国PBL――公正と民主主義を実現するプロジェクトベースの学び

次にご紹介するのが、プロジェクトをベースとして学ぶプロジェクト型学習（PBL）である。PBLは、西洋諸国に限らず全世界的に採用が進んでいる学習方法である。LCL本科ではそのなかでも、教育学における20世紀最大の哲学者ともいわれるジョン・デューイの思想を正統的に引き継ぎつつも、時代に合わせてカリキュラムを進化させ続け、貧困や経済格差の是正、人種や文化の違いなどを乗り越え、実験的な授業と学力との両立を果たしている米国サンディエゴ州の公立チャータースクール、ハイ・テック・ハイ（High Tech High）のカリキュラムを紹介している。

米国発祥のPBLはそのルーツにプラグマティズムという思想がある。プラグマティズムという言葉は現代において、実用的なものの見方や現実的な生き方などの意味で一般的に使用されるが、ここでいう思想としてのプラグマティズムは、現実の生における具体的な行為のなかで精神活動が果たす役割を重要視する。ジョン・デューイは、進化論の影響を受け、米国の実験的精神を色濃く反映し、私たち個人が相互にコミュニケーションを取り合いながら、社会共同体をつくり上げていくと考えた。そして、その集団的生命の再構成を促し維持するためには教育が何よりも大事だと訴えた。デューイは誠実な探究の結果としての進歩を信頼し、人々が繋がり、お互いに信頼し合うような新しい公共を構想した。また、晩年、1920年あたりから美術研究者アルバート・バーンズ（1872-1951）と連携し、芸術教育に関わり、よりよい社会をつくるための教育とその手段としての芸術に着目していった。[*30]

そうしたデューイの思想を受け取りながら、米国ハイ・テック・ハイは、性別、人種、性的な意識や、身体的、もしくは認知的能力にかかわらず誰しもが同じように価値ある人間であると感じられるために、公正（Equity）の概念を学校教育の中核に据える。また「美しい仕事」を子どもたちが成す教育を提案している。その教育思想を支える米国の教育者ロン・バーガーは芸術を核とし、子どもたちがさまざまな技術や知識を獲得していくのと同時に「私は〝美しい仕事〟を成すことができる人間である」という自己信頼、自己肯定の感度を育むことを提案している。

ロン・バーガーはマサチューセッツ州の小さな教育区の公立小学校教師として25年以上勤めたが、1989年よりハーバード大学の教育大学院でマルチプルインテリジェンス理論のハワード・ガードナー博士の指導を受け、同博士の誘いによってプロジェクト・ゼロの活動に関わった。プロジェクト・ゼロは1967年に哲学者のネルソン・グッドマン(1906-98)によって芸術教育の向上を目指して創設されたもので、ガードナー博士は1972年から2000年までプロジェクト・ゼロの共同ディレクターとして活躍した。

ロン・バーガーは、クラフトマンシップという考え方を大切にしており、ハイ・テック・ハイのPBLでは、生徒たちが発表成果物、制作物、出版物などをつくって一般公開することを求める。そして、その過程で最高のアウトプット、美しい展示に向けて最大限の努力をするという倫理観を養うように育てていく。

たとえば、サンディエゴ市のさまざまな二面性を追っていく「バーサス(vs)プロジェクト」では、生徒たちはフィールドに出ていき、スーパーマーケットvsファーストフード店というような町のなかのさまざまな二面性を見つけていく。そしてどの地域にどのような店がいくつ存在していて、その地域にはどのような所得層の人が住んでいて、どのような多様性が町の中にあるのかを調査する。そこには地学やサイエンスの要素も入ってくるし、人文学の時間にはみんなが調べた二面性について本を作成する。レーザーカッターを使用し、協力してアート作品としての鑑賞にも十分耐えうる美しい巨大な地図を製作した。「美」は、どんな文化背景の違いがあっても、認知的能力・身体的能力の個性があったとしても、みんなで共有し、楽しめるものである。

ハイ・テック・ハイは従来の公立学校の仕組みでは、なかなか改善が期待できない、貧困による低学力をはじめとするさまざまな教育問題に取り組むため、親や教員、地域団体などが、設立趣意書（チャーター）を作成し、州や学区の認可を受けて設けるチャータースクールの仕組みを使って、独自のカリキュラムを発展させてきた。同校の入学者のうちの半分近くが給食費を全額もしくは部分的に補助されている低所得層の子どもたちで、サンディエゴ市はメキシコに隣接するため、ヒスパニックというスペイン語を母国語とする中南米にルーツのある子どもたちも半分くらいいる。

しかし、そのような社会経済的背景があり、ＰＢＬが学びのスタイルの中心であるにもかかわらず、同校の大学進学実績は同じ地域の公立校の2倍から3倍で、大学に入ってからの中途退学者も極めて少ない。こうして公正を基軸に置き、学力をつけるという学校に要請される機能も尊重しながらも、貧困や移民などの課題に立ち向かい、協働で美しいものをつくり上げていくハイ・テック・ハイのPBLの力強さは、米国に限らず全世界の教育者を引きつけている（拙著『「探究」する学びをつくる』はハイ・テック・ハイのPBLを中心に取り上げているので、ご興味のある方はお読みいただきたい）。

言葉にならないものを大切にする信州の生活・総合学習――今日一日は詩たりえたか

２０２２年度からLCL本科に取り入れたのが、日本の生活・総合学習のルーツともいえる信州の初等教育だ。特に40年以上の長きにわたって、子どもの意欲や発想に基盤を置く総合学習を実践し、チャイムも通知表もないことで有名な長野県伊那市立伊那小学校について学んでいる。この学校は、国内第一級の研究者を魅了し、生活科、総合的な学習の時間のモデルの一つとしての役割も果たしてきた。

日本では、戦後にエスカレートした知識偏重型の詰め込み教育を是正し、思考力を高め、経験を重視しようという国の動きが今から25年ほど前に起こった。１９８９年改訂の学習指導要領では生活科が小学校低学年で導入され、１９９８年改訂で総合的な学習の時間が設定された。一方で、１９８０年度から２００２年度にかけて各教科の指導内容の大幅な精選と思い切った授業時数削減を行う、いわゆるゆとり教育が実施された。しかし、ゆとり教育は残念ながらその意図がうまく理解されず、社会的批判を浴び、2008年の学習指導要領改訂で揺り戻しが起きる。そして、2022年現在、日本の教育は、激変する社会のなかで、先述した国際的な教育の流れの影響もあり、「探究」がクローズアップされている。しかしそのような政策の変更にも過度に揺らされず、じっくりと良質な生活・総合学習を育て、守り続けてきたのが、伊那小学校である。

伊那小学校では、毎年、教師と子どもたちが探究するテーマを決め、3年間にわたってゆっくり学んでいく。その実践のルーツは1918（大正7）年に遡る。当時大正デモクラシーの思想をもつ自由主義的な新教育運動が全国各地に広がり、研究を自由に行うことが許される各師範学校や、私立学校としては成蹊小学校、成城小学校、自由学園、明星学園など東京の学校が運動の拠点となった。長野師範学校でも児童中心主義の実践が研究されていたが、その研究学級第2回目の1年生を担当したのが、淀川茂重《もじゆう》（1895〜1951）である。伊那小学校では、時代に合わせた実践を取り入れつつも、同氏の根本的な思想と理念を100年以上にわたって守り続けている。

たとえば、馬淵勝己先生（現・安曇野市立豊科東小学校校長）は伊那小学校勤務時にホルスタイン牛を飼育し、1〜3年生の3年間を一緒に過ごした。[*31] 1年生のとき、春に牛との出会いがあって牛を飼おうと決定した生徒たちは、9月に牝のホルスタイン牛を迎え入れることが決まると、お迎えの前に、遊び場作りや小屋作りなどの準備を始める。9月からはいよいよ名前を「せいちゃん」と決め、餌やり、成長の記録、小屋の改良や冬支度と同時に牛の体の仕組みや生態の学習に取り組むようになる。

2年生になるとせいちゃんも大きくなり、結婚の日を迎える。9月には人工授精し、9カ月半ほどの妊娠期間を経て3年生の夏、7月に赤ちゃんが生まれた。その後、子どもたちは、子牛のための小屋、搾乳《さくにゅう》のための小屋を作り、出産後は本格的な搾乳機を借りて、搾乳も行った。ヨーグルト、牛乳寒天、アイスクリームなどさまざまな食品を作る。そして、その年の年末にせいちゃんと子牛とはお別れし、翌年2月に3年間を振り返る学習発表となる。

馬淵先生はこの3年間の学びの核となっているのは「よろこび」だと言う。しかし、さまざまな「よろこび」の裏側には辛い出来事も必ずある。特にせいちゃんから生まれた牡の子牛は、数年後には屠殺され食肉になる運命だった。また、自由に可愛がられて育ったせいちゃんは搾乳が苦手で暴れてしまう。子どもたちはさまざまな葛藤と話し合いの末、せいちゃんに鼻環をつけることを決めた。

このような伊那小学校の実践に見られるような学びは、「信州教育」として長野県の教師たちに脈々と受け継がれている。1886（明治19）年には、信濃教育会という長野県内の教職員等で組織する自主的職能団体が創設され、小中学校の教職員を中心に約9000人の会員と共に、現在でも研修や調査研究が継続されている。信濃教育会には教育研究所があり、第7代所長は東京大学名誉教授の佐伯胖《ゆたか》先生、特任所員として上智大学の奈須正裕教授、福井大学の松木健一教授などが所属されている。そのほかにも、東京大学名誉教授の佐藤学先生、東京学芸大学名誉教授平野朝久《ともひさ》先生など、錚々たる研究者たちが伊那小学校に魅了され、同校の子どもの研究・事例研究に関わってきた。

伊那小学校、伊那中学校の校長を歴任し、信濃教育会会長を務められている武田育夫先生は、信州の教師たちは今も淀川茂重の研究学級から以下のことを学んでいるという[*32]。

1. 教育は学説や思想ではない。子どもの事実から出発する。
2. 学びは頭だけで起きるのではない。からだ全体で学ぶ。
3. 子どもの学びは総合的である。

伊那小では子どもを自ら求め、自ら決め、自ら動き出す力をもっている存在であると考え、からだ全体で学ぶことを支援する。たとえば、小屋を作るときの木の匂いやものを測るときの幅感覚、安定・不安定の感覚、友達とのやりとりなどが、統合的な理解としてその子のからだに宿ることを大切にする。同じくまるごとわかるということをとても大切にする。たとえば、鶏の要素をいくら積み上げても、生命としての鶏を生むことはできない。鶏を理屈ではなく感覚でわかる、感じるというわかり方を信州では重要視する。鶏を生物学的・行動学的・分類学的にいくら学んだところで、それは鶏の実体ではないと考え、徹底して生活と具体から学ぶのである。

「子どもの一日は一編の詩である。今日一日が果たして詩たりえたか」

この言葉は、伊那小学校の教師たちがことあるごとに立ち戻るものである。伊那小をはじめて訪問したとき、いただいた資料の冒頭と末尾に詩が載っていたことに驚いた。学校は単なる職場ではなく詩境であり、学校は子どもと教師の「人生邂逅《かいこう》の場」として人間形成の現実境であってほしいという言葉が添えられていた。[*33] 言葉になるものとならないものの「あわい」に子どもたちは生きている。そして、教師たちは徹底的にそのことに寄り添っていく。

子どもはたとえばある花を見たときに、その花の名前ではなく、そこに漂う匂いや色、生命力、音、花の感情などさまざまなものを読み取っている。そして、その観察眼たるや大人を圧倒的に凌駕する。そのことに対する尊敬が基底にあれば、不用意に子どもを引っ張ろうなどとは思わないはずである。さらに、子どもは本来学びたい存在なのだとしたら、一番自然な生活のなかで、その学びへの希求の邪魔をしなければいい、ということになる。こうした淀川茂重の教育を深く理解し、それを１００年以上にわたって真正に丁寧に継承してきた伊那小学校の実践から学ぶことは極めて大きい。

子どものための哲学――市民デモクラシーの基礎をつくる

次に紹介する「子どものための哲学」は、学校カリキュラムそのものというよりは、学校カリキュラムの基盤を支える非常に重要な要素としての「対話」について学ぶものである。

西欧における哲学の成立に、対話は決定的な役割を演じている。ソクラテス、プラトン、アリストテレスに見られる「対話（Dialogue）」は、その語源が「異なる」を意味する"dia"と「言葉」や「理性」「論理」などを意味する"logos"の合わさったものであり、あらゆる批判に開かれた知の公共性を理念として掲げた一つの運動であったという。[*34]

そして、現代において世界中で広がる「子どものための哲学」のルーツには哲学プラクティスという運動があった。[*35]哲学プラクティスとは、主に対話という方法を用いながら、哲学的なテーマについて共同で探究する実践的な活動を指し[*36]、ドイツの哲学研究者ゲルト・アーヘンバッハが1980年代に開始し、国際哲学プラクティス学会が創立されたという。哲学プラクティスの一環として1990年代にパリの街角で始まった哲学カフェは、たちまち世界中に広がり、哲学研究の専門家でない人々が哲学的な対話を楽しむようになった[*37]。

一方で、子どものための哲学は、1970年代にアメリカ合衆国で始まった。1960年代、コロンビア大学で哲学の教員をしていたマシュー・リップマンは大学生が論理的に考えられないことに気づき、子どもたちがもっと早い時期から哲学的思考を学ぶ必要があると考えた。そこで、ニュージャージー州の教員養成系の大学に「子どもの哲学推進のための研究所」を設立。教育法と教材開発、教員養成に努めた。その教育法をリップマンは「子どものための哲学」と名づける。リップマンに共感する人々によって子どものための哲学はあっという間に世界中に広がるようになり、Philosophy for Children の頭文字からP4Cの愛称で親しまれるようになった。

「探求の共同体」という理念

リップマンは、「子どものための哲学」の構想の中心に「探求の共同体[*38]（Community of Inquiry）」という理念を置いた。いろいろな意見を聞くことは、哲学対話の出発点に過ぎず、そこから対話を通じて共によりよい答えを探していくことが重要だと主張し、探求の共同体によって育まれる思考力を以下の4つの側面から説明した。

1. 批判的思考
2. 自律的思考
3. 共同的思考
4. 創造的思考

つまり、人は世の中で流布している常識や推論をあらためて問い（批判的思考）、その問いを自分自身で考え（自律的思考）、コミュニケーションを通じて他の人々と共に考えること（共同的思考）によって、よりよい意見を形成し（創造的思考）、未来をつくっていくのである。批判的思考はただ問い、疑うだけでなく、新しい意見を生み出す創造的思考に発展しなければならず、自律的思考は単なるモノローグに終わってはならない。他者と共に考える共同的思考に発展することによって、それぞれ十全なものになると考えられた。*39 リップマンの手法は世界中の人々に受け継がれていく過程でそれぞれの地域の言語や習慣などの文化を踏まえ、柔軟に応用されていったが、共同的に思考力を鍛えていくなかで、よりよい新しい社会を築いていく「探求の共同体」という理念だけは基本として受け継がれているという。

なお、1995年にユネスコが発表した「哲学のためのパリ宣言」では、シティズンシップ教育としての哲学的討論が推奨されている。討論による哲学教育は以下の2点において市民性の涵養に資するとされている。[*40]

1. 市民の判断力を鍛える。市民の判断力はデモクラシーの基礎である。
2. 哲学教育は現代社会の諸々の大きな問題（特に倫理の領域における諸問題）に関して市民各人が責任を負うことを教える。

哲学対話は市民の自立心を鍛え、プロパガンダに抵抗する能力を有する思慮深い人間を形成すると考えられているのである。

なお、「子どものための哲学」はあらゆる場面で実践できるが、特に道徳の時間での実施が期待される。長く教科外活動として行われてきた道徳の授業が小学校で2018年度、中学校で2019年度から特別の教科となった。この方針は、国の教育再生実行会議の提言や中央教育審査会の答申等を踏まえ、教科化されたものである。教科化の是非についてはさまざまな意見もあったが、「考え、議論する道徳」を目指し、既存の価値観や善悪の基準を他者との対話や議論を通して問い直すということが重要であるという方向性そのものは大切なものだろう。

ワイキキスクールでの哲学対話授業

「子どものための哲学」は、学校ではどのように活用されているだろうか。全クラスで年間に定期実施しているハワイの公立小学校ワイキキスクールを2019年11月に訪れたときの小学校1年生と4年生の哲学対話のクラスの様子を、ここで紹介する。なお、同校と連携しているハワイ大学の「子どものための哲学」の研究は世界的に見ても先進的であると評価されている。

ワイキキスクールでは、毎週水曜日の午後の1時間を哲学対話の時間にあてている。

1年生の哲学対話の授業では、まず、子どもたちは「マインドフルに対話しよう」「できるだけ多くの人と話そう」など哲学のルールを確認する。その上で、子どもたちそれぞれの問いを入れた「ワンダーボックス（不思議に思ったことの箱）」に入っている問いを広げて、どの問いで今日話そうかと話し合う。「なぜ私たちは不思議に思うんだろう？」「エイリアンは本当にいるの？」などいくつかの問いがあるなかで、この日にみんなで決めたのは、「なぜお金は大切なの？」だった。

まず、先生はその問いを出した男の子に「なんでお金が大切かどうかと思ったの？」と聞く。そうするとその子は「ショッピングに行ってお金がないと買えないから」と答える。そうすると、クラスメイトが「クレジットカードもお金かな？」「お金って借りることもできるんじゃない？」と問いかけ、話が進んでいく。

そのうち対話は「どんな人がお金を必要とするんだろう？」「お金があるとハッピーなのかな？」「お金なくても幸せになれるよ」「お金で幸せは買えるかな？」と、「幸せ」と「お金」の関係を軸に深まっていく。このあたりで時間が来たので、この対話全体をみんなで振り返る。「この対話は（心理的に）安全でしたか？」というような先生の質問に対して、みんな親指を上に立てたり下に向けたりのサインを送って、確認した。「心理的に安全でなかった」という子もいたが、「なぜ？」と聞かれたときに、「私はお金の話はしたくなかった」などとしっかり答えていた。

4年生の哲学対話の授業では、教師が冒頭ハロウィンに通じるような詩を読み、それについて少し話し合ってから、みんなでノートサイズのホワイトボードに問いを書いて、クラスのみんなが座る輪の中に置いていった。

その問いは「子どもはインスタグラムを使っていいか」「私たちはなぜ夢を見るか」「何もつくるものがないときに、何をつくることができるか」「もし人間が存在しなかったらどうなっていたか」「死んだ人は生き返るか」など。

投票で決まった問いは「いつも嘘をつくのがいい？　本当のこと言うのがいい？」だった。「嘘って何？　おおげさとも違うよね？」「ジョークは？」「うーん、嘘をついているときは、人に正しくないことを信じ込ませようとしているから、ジョークは嘘じゃないんじゃないかな？」「だったら、サプライズパーティーは嘘じゃないね」という風に対話は進み、1年生と同じく振り返りをして終了する。

このやり方は「プレーンバニラ」と呼ばれ、子どもたちが問いを出し、決めていく、もっともシンプルなやり方である。もちろんあらかじめ問いが設定されていたり、教材を使うケースもあるが、特に小さな子どもたちは、形而上学的な問い（世界の根源を問う哲学の分野）を発することが多いという。たとえば、「世界に果てはあるか」「時間はなぜ流れるのか」という問いが子どもたちは大好きである。よって、ファシリテーターである大人が問いを限定してしまうことなく、子どもたちが自ら問いを出すように環境を整えていくことが基本的には奨励されている。

問いの意味や問いの深め方、問いの設定の技術などについては第4章で後述するが、ハワイの学校の場ではゆったりとした時間が流れ、自分が本当に思ったり感じたことを言っても人間関係が毀損されないと感じる安全な場であったことが印象的だった。

1年生のクラスには全盲の子がいた。はじめは杖を置き、うつむいていたが、途中から何か考えが浮かんだらしく、顔を上げ身体を動かし始めた。発言も2回ほどしただろうか。その目にはきちんと光がともっており、あたかも目が見えているかのようだった。彼女は、自然にその場に溶け込み、何の違和感もなく普通に受け入れられていた。柔らかい対話のなかで、よりよい新しい未来を生み出す共同体をつくり上げていくことができるのだと強い印象を受けたシーンである。

創造性教育・生成する学び——ジェネレーター

最後に紹介するのは、ジェネレーターという少し聞き慣れない言葉である。このアイディアを導き出したのは、慶応義塾大学総合政策学部教授の井庭《いば》崇《たかし》先生と、私が最初に探究を知るきっかけとなった東京コミュニティスクールの元校長であり、一般社団法人みつかる+わかる代表理事の市川力さんである。井庭氏は「創造」「つくる」がこれからの人々の関心や生活における中心的なものとなり、今後一部の天才に限られたものではなく、一人ひとりが自然に創造性を発揮する社会、誰もが創造的につくる社会が到来するという。

ところで、子どもたちの創造性開発は、日本においても戦後継続した課題だった。弓野憲一『世界の創造性教育』によると、日本の創造性教育は、1960年代に科学技術振興と創造性の開発が重視され、英才教育・能力開発が産業界・教育界の緊急課題として浮上したという。

恩田彰氏らによる『創造性の開発』が火付け役となり、1967年から学習指導要領で「創造性の涵養」が謳われ、1976年には「創造的な知性と技能の要請」が課題となった。1984年には臨時教育審議会で「個性重視と豊かな想像力の育成」が大きなテーマとなり、その後の「生活科」「総合的な学習の時間」へと繋がっていった。[*41]学問研究の創造性開発としては、市川亀久彌（1915-2000）の「等価変換理論」や川喜田二郎（1920-2009）のKJ法、中山正和（1913-2002）のNM法などが著作として発表され、1979年には川喜田二郎が初代理事長となり日本創造学会が発足した。

弓野氏は、日本の創造性教育の誕生と発展は、先進諸国の模倣技術から自主技術への転換を可能にするような基礎的能力の涵養を促したいと考える産業界の要請と教育界の創造性開発への関心、学習指導要領における創造性育成の導入などが、日本創造学会と歩調を合わせながら発展していったと指摘する。

一方で、世界に目を向けると、1950年頃米国ではジョイ・ギルフォード（1897-1987）が創造性の実証研究を進め、収束的思考に深く関係した従来の知能とは別に、拡散的思考が深く関与する創造性が人間の知性に存在することを明らかにした。[*42]米国で創造性教育を牽引する研究者としては、マルチプルインテリジェンス理論を提唱したハワード・ガードナー、フロー理論を提唱したミハイ・チクセントミハイ（1934-2021）らがいる。また、マサチューセッツ工科大学教授のシーモア・パパート（1928-2016）がその前身を創設したMITメディア・ラボでは、全世界で活用されるブロック型プログラミング言語スクラッチを開発したミッチェル・レズニックがクリエイティブ・ラーニング・スパイラルを提唱した。ハワード・ガードナーがずっと研究のリードをとってきたハーバード大学教育大学院のプロジェクト・ゼロは1967年の創立以来、クリティカルかつクリエイティブな学習者を育てるためのカリキュラムや教室文化の研究などを行っている。

しかし、弓野氏も指摘する通り、日本の創造性開発は決してうまくいっているとはいえない。2022年3月に発表された、日本財団の第46回・18歳意識調査「国や社会に対する意識」において「自分には人に誇れる個性がある」「将来の夢を持っている」「自分の将来が楽しみである」「社会が今後どのように変化するか楽しみである」「多少のリスクを伴っても新しいことに沢山挑戦したい」などの項目で、米国・英国・中国・韓国・インドと比較し、ダントツの最下位となった。こうした閉塞感のある環境のなかでどうしていけばいいのだろうか。

米国と日本の文化的な違い

米国での個性の突出を認める教育と、自由で革新的なアイディアがどんどん生まれ、世界中の研究者を魅了する大学が多数つくられていることとは無関係ではないだろう。なぜなら、クリエイティビティは今まで人が見ているような視点ではなく、「同じものを違ったように見る」ことから生まれるからである。しかし、米国の創造性教育を取り入れればいいかというと、個人的には、それではうまく機能しないのではないかと考えている。

私は2014年秋から2017年夏まで家族の仕事の都合で米国に在住した（スカイプを使ってプログラム開発を担当し、日本と行ったり来たりして活動を継続していた）。そこで感じたのは、自分は少し変でもいいし、ユニークな存在であってもいいと感じることのできる環境が当たり前のように設定されていることである。娘は現地の小学校に通ったが、その学校では、頭を虹色にして登校したり、左右が違う派手なソックスを履いたり、馬鹿らしさを競うような文化があった。また、米国の学校に留学した経験のある人はクラスで生徒が馬鹿げた発言や質問をしたとしても、教師が「それはいい質問だね」「それはいいアイディアだね」と応じているのを見たことがあるだろう。

こうした文化背景の差があるため、米国発の創造性教育を日本にそのまま導入しても、うまく機能しない可能性がある。「人と違っていていい」「ユニークでいい」という文化のないところで、いくら拡散的思考を取り入れても、どこかで抑圧がはたらく。先生や友達に認められる範囲で問いを立てたり、アイディアを捻り出したりするようになる。そもそも問いを立てなさい、発想しなさいといったところで、それができない児童・生徒たちがほとんどだからだ。

見えないなりゆきを面白がる

ＬＣＬ本科で紹介している「ジェネレーター」のアイディアは、子どもも大人も社会の文脈に抑圧されがちな日本の教育風土を踏まえた上で、創発の力を無理なく且つ存分に発揮できるものとなっているように思う。市川さんは大人が「見えないなりゆき」を目指して進むプロジェクトに慣れるために、子どもと歩くことを奨励している。そして、そのときの大人のあり方をＧＲＡＳＰとして表した。

G＝Guide（ガイドする）

R＝Release（解き放ち、待つ）

A＝Accept（思いつき・発見を認める）

S＝Show（失敗も無様な部分もさらけだす、本物を見せて・魅せる）

P＝Participate（一蓮托生の場に参加する）

どこに向かうかが読めない「見えないなりゆき」では、教師などが進行を面白がり、そのこと自体が子どもたちの道標になる。それがガイドする（Guide）ということだ。しかし道標通りに進むかどうかは子どもたちが決める。大人は面白いと思ったらその発見や思いつきを表明し、それが一時的に子どもたちの道標となることもあるが、子どもたちはそれに踏みとどまることなく、面白がって独自に前に進むようになる。
教師は子どもの優位に立とうとせず、フラットな関係のまま、一旦ガイドしたら子どもたちを解き放って待つ（Release）。そして、そこで生まれた子どもたちの思いつきを、「そんなのは関係ない」「意味はない」などと切り捨てずにどんなものであっても拾っていく（Accept）。さらに、教師は率先して変だと思われる姿をさらすのである（Show）。

こうして、ガイドし、解き放って待ち、拾い受け止め、さらけだす関係性をもつということは、プロジェクトの命運を共に担う一蓮托生（Participate）の間柄を意味すると市川さんは言う。探究ではそもそも子どもたちだけではなく、教師自身も学びに巻き込まれていく。よって、子どものみならず、自ずと教師の成長も促される行いである。こうしたジェネレーターシップを発揮する人のふるまいとして市川さんは以下の3つを掲げている。

1. やってみないとわからない状況で一歩踏み出す。
2. 辛く楽しく面倒なプロセスを面白くしようとする。
3. みんなで試し続け、つくり直して発見を積み重ねる。

市川さんが大切にしているのは、どんな些細なことも見逃さない受け止める力であるという。遭遇したものにはすべて面白い何かが含まれている。頭で考えすぎて、論理から外れたモノ・コト・ヒトを除外してしまうと、新しいことを生み出すチャンスを失ってしまう。子どもの発言はジャッジせず、すべてを受け止め、ひらめきや偶然をキャッチする愛情に満ちた、ユーモア溢れる場をつくっていく必要がある。[*43]

こうした場を広げるために、市川さんは、何となく気になるモノ・コト・ヒトと出会いながらあてもなく歩くという「Feel 度《ド》 Walk」という実践を全国の学校やコミュニティ、学びの場で続けている。大人は常識やしなければならないことでいっぱいである。創発の余白がない。余白を生むためには、緩まなければならないのである。

3

協働する探究の構造

探究の存在は疑うべくもない。探究は生活のあらゆる領域に、あらゆる領域のすべての局面にはいりこむ。[*44]

ジョン・デューイ（哲学者）

1　探究のスパイラル

探究と探究でないものを分かつ

第２章ではＬＣＬと関わる代表的な探究する学びについて概観してきた。本章では、具体的にどのような学びが探究なのかということについて、もう少し深めていく。まず手はじめとして、以下の実践を見てほしい。この学びは「探究する学び」だろうか。

秋になると毎年2週間、第3学年の児童全員が、リンゴについての単元に参加する。3年生は、このトピックに関連する様々な活動に取り組む。言語科では、ジョニー・アップルシードについて読み、その話を描いた短編映画を見る。彼らはそれぞれリンゴに関わる創作物語を書き、テンペラ絵の具を使って挿絵を入れる。美術では児童は近くの野生リンゴの木から葉っぱを集めてきて、巨大な葉っぱ模様のコラージュを作り、3年生の教室に隣接する廊下の掲示板に掛ける。音楽の教師は、子供たちにリンゴについての歌を教える。科学では、違うタイプのリンゴの特徴を、五感を使って注意深く観察して描く。数学の時間、教師は3年生全員に十分な量のリンゴソースをつくるために、レシピの材料を定率で倍にする方法を説明する。……

この単元のハイライトは、近所のリンゴ農園への見学旅行である。そこで児童は、リンゴジュースが作られるのを見てから、荷馬車での遠乗りに出かける。単元における山場の活動は、3年生リンゴ祭りという祝典である。そこでは、保護者はリンゴの衣装を着て、子どもたちはそれぞれのステーションを順に回って、様々な活動を行う――リンゴソースを作り、リンゴの言葉探しコンテストで競い合い、リンゴ採り競争をし、リンゴに関する文章題を内容とする数学のスキル・シートを完成させる。その祝典の締めくくりには、カフェテリアの職員が準備したリンゴあめをみんなが楽しんでいるところで、選ばれた児童が自分の書いたリンゴの物語を読む。

これは、国際バカロレアや米国プロジェクト型学習でよく参照されるマクタイ&ウィギンズの『理解をもたらすカリキュラム設計』からの抜粋である。同書において上述の学びは活動志向（アクティブ）のカリキュラムであり[*45]、深い学びではない、と指摘された。

こうしたカリキュラムは、活動という手段が目的化されたもの、つまり「這い回る経験主義」といわれることがある。残念ながら総合的な学習の時間がこのような設計になってしまっている学校は存在する。しかし、上述の活動で子どもたちは楽しく時を過ごすかもしれない。一部には勝手に自己探究する生徒も出てくるだろう。退屈な計算の繰り返しより、よい経験になる可能性は大いにある。何がいけないのだろうか。

この実践には以下の3つの決定的な弱点がある。

1．深い思考、協働のチャレンジなど、認知・非認知双方の能力において何かを成し遂げるという力強さがない。

2．バラバラの活動の羅列になってしまい、子どもたちは「つまり、何を学んだのか」がわからない（よって、学習の転移が起きない）。

3．子どもたちが真剣に取り組む真正なアウトプットがない。

このリンゴの単元において、子どもたちは「探究」しているだろうか。ここで探究とは何かということから見ていきたい。

まず高等学校学習指導要領の総合的な探究の時間において探究をどう捉えているか見ていく。92頁の図(1)のように探究は、生徒自身による「課題の設定」から「情報の収集」「整理・分析」を経て「まとめ・表現」に到達するという学習過程のスパイラルを描くと説明されている。このリンゴの単元では、自ら課題を設定しておらず、すべて教師がお膳立てしており、生徒はそれに乗っているだけになっている。これでは児童の主体性は発揮されず、自ら問うこともなくなってしまう。

ジョン・デューイによる探究の定義

次に、ジョン・デューイによる探究の定義を見ていく。デューイは、『論理学』のなかで、探究を「不安から安心への移行」と表現した。そして、少し難しい言葉であるが、「不確定な状況を、確定した状況に、すなわちもとの諸要素を一つの統一された全体に変えてしまうほど、状況を構成している区別や関係が確定した状況にコントロールされ方向付けられた仕方で転化させることである」と定義した。[*46] この定義をもとに教育現場での運用を意識し、『論理学』の記述を参考に図にしてみると、92頁の(2)のようなかたちになるかもしれない。つまり、モヤモヤと言語化できない不安に取り巻かれた「不確定な状況」から、この辺を掘ればいいのだろうと当てがつく「問題的状況」を経て、どのような方向性をもって進めばいいかの「提案・計画」をつくり、また同じような問題が起きたときにどのような提案・計画を立て、ものごとをコントロールすればよいか知った「確定的状況」に移る、つまり「安心」へ移行する。

デューイの定義に照らし合わせても、リンゴの単元は探究と呼ぶには不十分である。子どもの反応を見たいばかりに、できるだけ多くのアウトプットを早く出させようとする。そのためモヤモヤする時間をほとんど与えていない。またこの単元では子どもたちそれぞれのアハ！ 体験（わかった！ という体験）がほとんど見られない。数学の時間では、唐突にリンゴソースの量を増やすよう指示され、レシピの材料を定率で倍にせよとやり方まで指定されている。きっと子どもたちはなぜそうするのかを理解していないだろう。デューイは（活動の）「基本的意図は、楽しませることでもなければ、できるだけ苦痛を与えずに知識を伝達することでもなければ、また、技能を獲得することでさえない」とはっきりいっている。[*47] この単元では、失敗しながらも試行錯誤する経験（デューイの定義でいえば、不確定な状況、問題的状況に向かうプロセス）が圧倒的に足りていないのである。

さまざまな探究の共通点

そのほかにも、実にさまざまな教育者が探究のスパイラルを提案してきた。たとえば、ジャン・ピアジェの弟子であり構築主義を提唱したシーモア・パパートのLOGOの研究を発展させたミッチェル・レズニック教授は、92頁の(3)にあるように「発想→創作→遊び→共有→振り返り」という「クリエイティブ・ラーニング・スパイラル」を提唱した。組織行動学者のデイビッド・コルブは、「経験→省察→概念化→実践」という「経験学習モデル」を提唱した。先に紹介したイエナプランのワールドオリエンテーションでは、「刺激→問いかけ→計画・役割分担・実行→経験・発見・探究→発表・共有→記録・保管→中核目標・学習の経験」をめぐる「ヤンセンの自転車」というモデルを示している。さらに、企業などでよく業務改善に使われる「計画（Plan）→実行（Do）→評価（Check）→改善（Act）」の「PDCAサイクル」も探究といっていいだろう。

「探究」にはさまざまなかたちがある

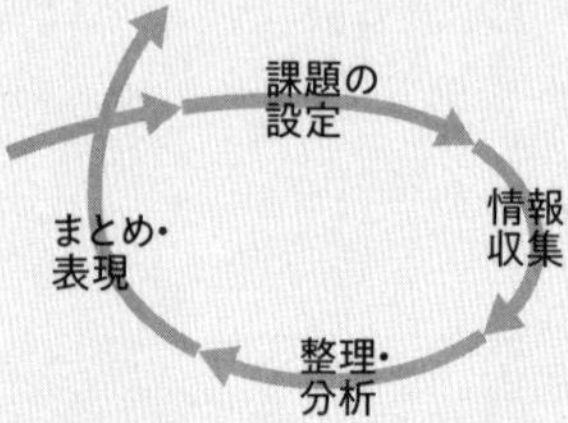

(1) 学習指導要領「総合的な探究の時間」の探究

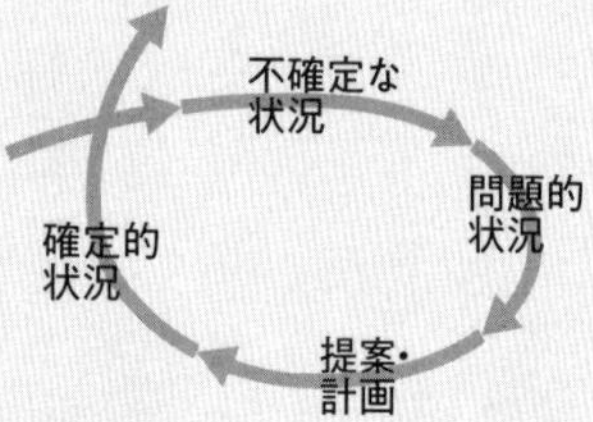

(2) ジョン・デューイの探究の定義
(『論理学』より)

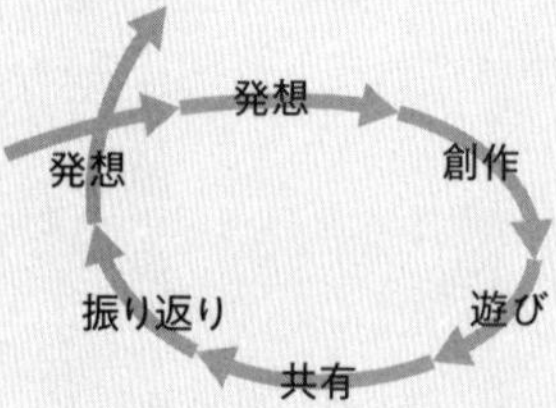

(3) レズニックのクリエイティブ・ラーニング・スパイラル

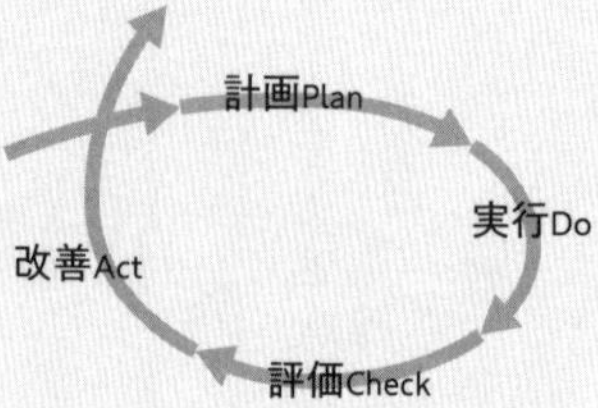

(4) PDCAサイクル

こうしたさまざまなサイクルには共通点がある。それはまず、従来型の学習のように、1＋1＝2と回答が決まっている一問一答のものは想定していないということである。そして、それは答えのない状態から、一人ひとり違うかもしれない多様な答えを見出していく営みである。また同時に半永久的なスパイラルのかたちをとっている。つまり表現はさまざまであっても、いずれにしても探究とはある起点から何らかの経験を経て変化が起き、新しい状態へ到達して永遠に続くスパイラルなのである。

こうやって見てくると、デューイの「不確定な状況」からスタートし、「問題的状況」を経て「提案・計画」に取り組み、「確定的状況」に至るという定義が、さまざまな探究の定義を包括する優れたものであることがわかってくる。たとえば、学習指導要領における「課題の設定」、そしてレズニックの「発想」は、デューイの定義に照らし合わせると「問題的状況」に該当するだろう。また、レズニックの「創作」「遊び」、PDCAサイクルの「計画・実行」や学習指導要領の「情報の収集」「整理・分析」は、まさにデューイのいう「提案・計画」にあたる。上記だけではなく、さまざまな探究のスパイラルは、まず間違いなくデューイの定義で説明ができる。さらに、こうしたデューイの定義は実践者にとっても優しいものとなっている。つまり、探究は言葉にならないモヤモヤからスタートしてもいいといっている。さらに、問題的状況はさまざまなかたちを取りうる柔軟性を保持している。問題的状況は「〜したい」という欲求や、「仮説」「思いつき」「問い」なども包含しうる。

さらに、デューイの定義は、不確定な状況からスタートしないものは探究と呼ばないということで、探究と探究でないものを明確に分かつという点でも秀逸だ。つまり、よく理科の実験にあるように、使う試薬や分量まで決められ、想定された結果を確認するだけのものは探究とは呼びがたい。リンゴの単元では、読む本や観る映画が決まっており、コラージュを作ることまで指定されている。そこに子どもたちが独自の思考をはたらかせたりする不確定な状態がないのであれば、デューイはそれは探究ではないというかもしれない。デューイが「不安から安心への移行」が探究だといったことは重要だ。デューイは「不確定な状況」をかき乱された、困った、曖昧な、混乱した、矛盾に満ちた、不明瞭な状態、などと表現している。そして、その不安が探究のエネルギーとなることを指摘している。モヤモヤなどのわからない状態を不安と感じるかワクワクと感じるかは個人差もあるかもしれないが、わからない、わかりたいという気持ちこそが深い学びを引き起こしていくのである。

2　協働する探究の基本構造――探究を貫く軸を設定する

探究の構造把握が鍵

2016年にLCLをスタートした頃は、なかなかそれぞれの探究の学びの共通点、相違点や強み・弱みをうまく伝えることができなかった。しかしそれでは、それぞれの手法のよさや志向がはっきりせず、LCL参加メンバーも構造把握ができないまま恣意的にモデルを選んでしまい、その時々の学級の状況や集まっている児童・生徒の顔ぶれ、単元の長さ、学びの内容によって最適な方法をとるというよりは、好みの手法の寄せ集めのような授業を設計してしまいがちだった。もしくはある手法に執着してしまい、ほかの手法をとる授業者に対して、寛容な態度で接することができなくなってしまうことがあった。一番の問題は、教師自身が一つの実践に固執してしまって、子どもたちとの相互作用から受け取ったものを活用しながら、自分らしい授業実践を組み立て、成長し続けていくことができなくなってしまったことである。

また、探究の構造把握ができていないと、複数の教師による、お互いのアイディアを尊重する柔軟な協働がうまくできなくなる。探究授業について後輩に伝えていくときにも自分のやり方を押し付けがちになる。そのため、さまざまな手法を包括して説明することが可能であり、構造的に探究を捉えられるようなものができないかと試行錯誤をしてきた。その結果、特に学校現場における「協働する探究」を説明できるイメージ図（97頁）を考えたので、それを軸に以下、さまざまな探究の説明を試みたい。

なお、このイメージ図は、デューイの探究の定義に、後述するリン・エリクソンの知識の構造（144頁）を斜めに傾けて合体し、柔軟性をもたせている（2018年にはじめて考えたものを、本書執筆にともない文言や形態をアップデートした）。冒頭に述べたように、あくまで多様な探究のかたちを理解することを目的とした、実践上の助けになる仮説的な提案と受け取ってほしい。

97頁のイメージでは①がスタート時点で、③が一旦の着地となる。①のスタートは、デューイがいうモヤモヤとした言葉にならない「不確定な状況」。②のプロセスは、デューイの「問題的状況」から「提案・計画」である。具体的にはモヤモヤがだんだんとかたちを成していき、なんらかのひらめきが浮かび上がりとして発現し、「こうじゃないかな？」という仮説や「〜したい！」という気持ち、「なぜだろう」という問いのかたちで問題的状況が立ち上がったのち、「提案・計画」へと進む部分である。このプロセスも、学習指導要領で示されている通り、情報を収集し、整理分析をしても構わないし、レズニックのいうように、創作して遊んで、共有して振り返っても構わない。また③の（一旦の）結論／着地もデューイは「確定的状況——価値判断、事

協働する探究のベースイメージ

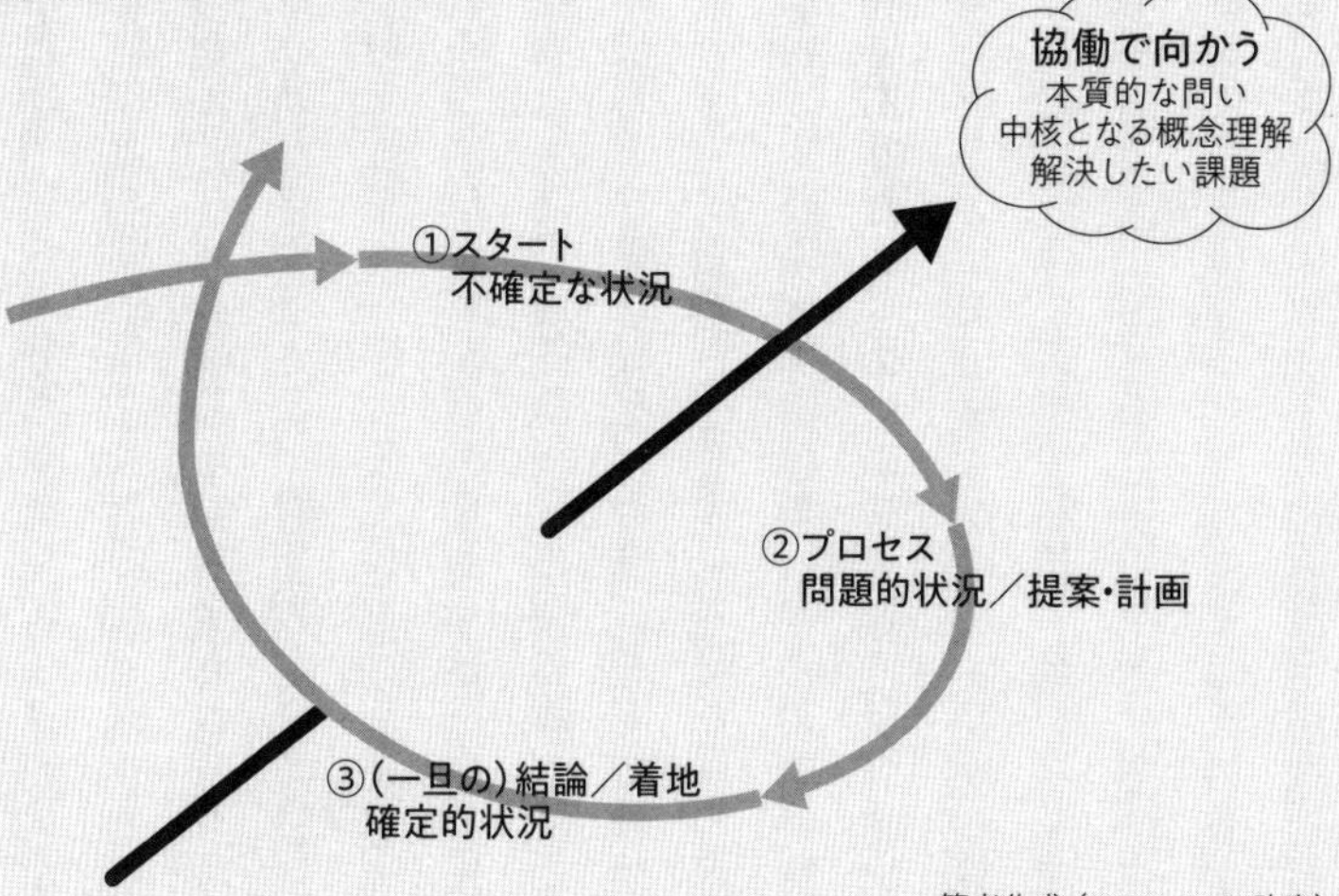

筆者作成（2018。2022改変）

実に関する保証された言明可能性（Warranted Assertibility）」という言葉を使っているが、表現形式としては、発表会、レポートや論文、本、演劇、絵などさまざまなかたちをとりうる。そもそも児童によって得意な表現の仕方はまちまちなはずである。このように探究は基本さえ押さえれば、多様なかたちをとれるものなのである。

なお、①、②、③の分け方はデューイの探究の定義の文言を後述する3つの探究のレベル（103頁）に合わせて整理しなおしている。①、②、③の間はそれほど明確にきっぱり分けられるものではなく、グラデーションになっていることにも留意されたい。特に「不確定な状況」と「問題的状況」の間は曖昧であり、設計上においても重なる部分をむしろ意識して、分離されないように考えたほうが適切である。

さらにこのイメージでは、「協働」の探究を意図して、探究の輪の中心を貫く軸を設定した。この軸は個人探究の場合には必ずしも必要ないかもしれないが、協働する探究の場合には必要不可欠である。私がビジネスの現場で数々のプロジェクトを国内外の多様な人たちと共に立ち上げたとき、プロジェクトの成否を分けたのは、探究の輪を貫く中心軸だった。たとえば、企業で新規事業を立ち上げるときには、必ず中核となるコンセプト（概念）や問い、解決したい課題が明確であることが必要である。この軸が上手く設定されていればいるほど、たくさんの人が協力してくれ、プロジェクトは持続可能なものになっていく。この軸の設定が魅力的でなかったり、ブレてしまうと、せっかくの努力が拡散してしまって深まらないのである。

この軸は学びの中心軸であり「共に理解するための足がかり」という意味があるとともに、プロジェクトの中核を表し、「何のためにこの学びをしているのか」という学習者の問いに応答するものとなる。

探究の軸の設定

そして、教育という観点で見た場合、教育現場のカリキュラムデザインの実情に合わせたかたちで以下の3つの「協働する探究」の軸を設定したい（それぞれの軸の設定を具体的にどうするかは、次章以降に説明する）。

1. 本質的な問い
2. 中核となる概念理解
3. 解決したい課題

軸の明確さと質は、そのプロジェクトの力強さを決定づける。冒頭に述べた事例のように軸をリンゴのようなトピックに置くことでその先の意味がわからなくなると、子どもたちは何のために学んでいるのかわからなくなり、やがて興味を失ってしまう。

協働の手がかりも失ってしまう。児童の評価や単元評価も的を外したものになる。学習材を通じて学ぶ意味を協働の営みのなかで適切にデザインしていくことは、極めて大事なポイントとなる。

前章で紹介した長野県伊那小学校では牛などの動物を中核の学習材として設定している。しかし、子どもたちは、牛についての調べ学習をしているのではない。担任だった馬淵先生は「この子たちは『よろこび』を学んでいる」と言ったが、このように言えることは極めて重要である。教師が単元の中核的な意味を捉えず、学習指導要領の項目を埋めるように、もしくは児童の活動の刺激だけを目的として、次から次へと活動のネタを与え続けると、児童から学ぶ意味が脱落し、自主性が損なわれてしまう。もしくは、学びが深まらない。

伊那小学校では、子どもたちは牛と3年間もの長い間一緒に生活する。そこにはよろこびやいのちの尊さや愛情があり、そうしたものを感じ取りながら子どもたちは大切な時を過ごす。なぜ牛の小屋を建てるのか。それは数学的概念の獲得のためだけではなく、牛のいのちを守るためだったり、牛への愛情、そして何かをしてあげることから湧き出る根源的なよろこびのためではないだろうか。確かに子どもたちは小屋を建てるなかで、数学でいう間接比較などを学ぶが、だからといって「牛は算数や社会、国語などの学習の材料に過ぎません」と言われたら、それこそ子どもたちにとって学びの意味は崩壊してしまうだろう。

マクタイ&ウィギンズが深い学びではない例として挙げたリンゴ農園への見学旅行や、リンゴ祭りの運営は骨の折れる仕事である。そのために授業時間を確保し、協力者と交渉したり、学校の理解を得ることも大変だ。そうした一連の負荷のなかで、教師が子どもたちの力強い成長を実感できず、結果として何をやっているのかわからなくなってしまうと、とてもではないが、持続可能な学習方法ではなくなってしまう。

児童がその学習単元から学びの意味をしっかり受け取れない場合、それは這い回る経験主義に直結する。だからこそ、探究する学びはより抽象度の高い本質的な問いや、中核となる概念、もしくは解決すべき課題を軸として求めるのである。伊那小学校を含め、優れた総合学習、探究学習の実践では、意識する意識しないにかかわらず、例外なくよい軸の設定がなされている。よい軸は活動に確固とした意味をもたらす。

3　探究は柔軟に設計できる——構成的な探究と非構成な探究

3つの探究のレベル

協働する探究の構造を把握することで、学校におけるその児童・生徒の様子や、どこまで指導要領に準じた知識の展開が求められるかなど、その時と場合や条件によって、柔軟に対応することができる。子どもたちの主体性の発揮に重きをおくような非構成な展開や、もしくは身につけなければならない知識・技能の量が多い場合には、ある程度収束のイメージが見えるような構成された単元の展開をする、などの変化を自在につけられるようになる。

次頁の表では3つの探究のレベルが示されており、構成の強いものから、非構成なものの順番に並べられている。[*48]

少なくとも探究は、問いや仮説から結果に至るプロセスがすべて決まっており、結論もわかっていて、その確認のためだけに行われるものではない。たとえば、理科の実験であれば、実験の安全を確保しながら、混合する試料を変えてみたり、いろいろな試みをして、実験結果を比較評価するなどのプロセスを経るものである。教科書に書かれている結論に向かって作業をするようなものではない。

(1)の「構成された探究」ではスタート（デューイの定義における不確定な状況から問題的状況に向かう状況）やプロセス（デューイの定義における問題的状況の立ち上がりから提案・計画）をある程度教師が計画するが、結果／着地（デューイの定義における確定的状況）は子どもたちが生み出す。生徒たちが可能な限り探究のサイクルを自分で回して自らの答えを生み出せるように、教師は最終的な見通しをもちつつも、環境設定とファシリテーシ

3つの探究のレベル(構成された探究から非構成な探究へ)

探究のレベル	スタート	プロセス	結論／着地
(1)構成された探究 (Structured Inquiry)	✓	✓	
(2)ガイドされた探究 (Guided Inquiry)	✓		
(3)オープンな探究 (Open Inquiry)			

Randy Bell and Heather Banch, "The Many Levels of Inquiry", *Science and Children*, 46, 2008より筆者和訳・改変

ョンに徹する。この「構成された探究」は国際バカロレアの初等教育プログラムや、米国プロジェクト型学習でよく採用されている。こうした設計は逆向き設計（Backward Design）ともいわれ、あらかじめ最終イメージをもって単元を構成することによって、学習指導要領のようなナショナルカリキュラムをカバーすることも可能となる。教科横断だけではなく、単教科における探究学習の設計も可能な便利な方法だ。

欧米の一般的な学校ではこうした「構成された探究」でスタートし、学び方を学び、次第に自分で問いや仮説を立てられるように導いていくことが主流である。しかし、ある方向性をもち、行きあたりばったりではないというだけで、教師が予想していなかったような洞察や理解、もしくは問いが生徒側から生み出されるような余白をもつことは必要である。プロセスは教師がデザインするのであって、決定するのではない。デザインは常にその場に応じて修正され、適宜アップデートされていくものである。

(2)の「ガイドされた探究」は、スタート時点での環境設定、具体的には領域（学習材）や教師側としての軸の見通しはある程度決めておくが、プロセスは自由で、子どもたちの興味によってダイナミックに探究が動いていく。構成された探究との特徴的な違いは、問題的状況の現れについて、子どもたちに委ねる部分が圧倒的に増えることである。国際的にはイタリアのレッジョ・エミリア・アプローチが代表だろう。

レッジョ・エミリア・アプローチでは、はじめに教師はリアルな対象物を見せ、子

ガイドされた探究

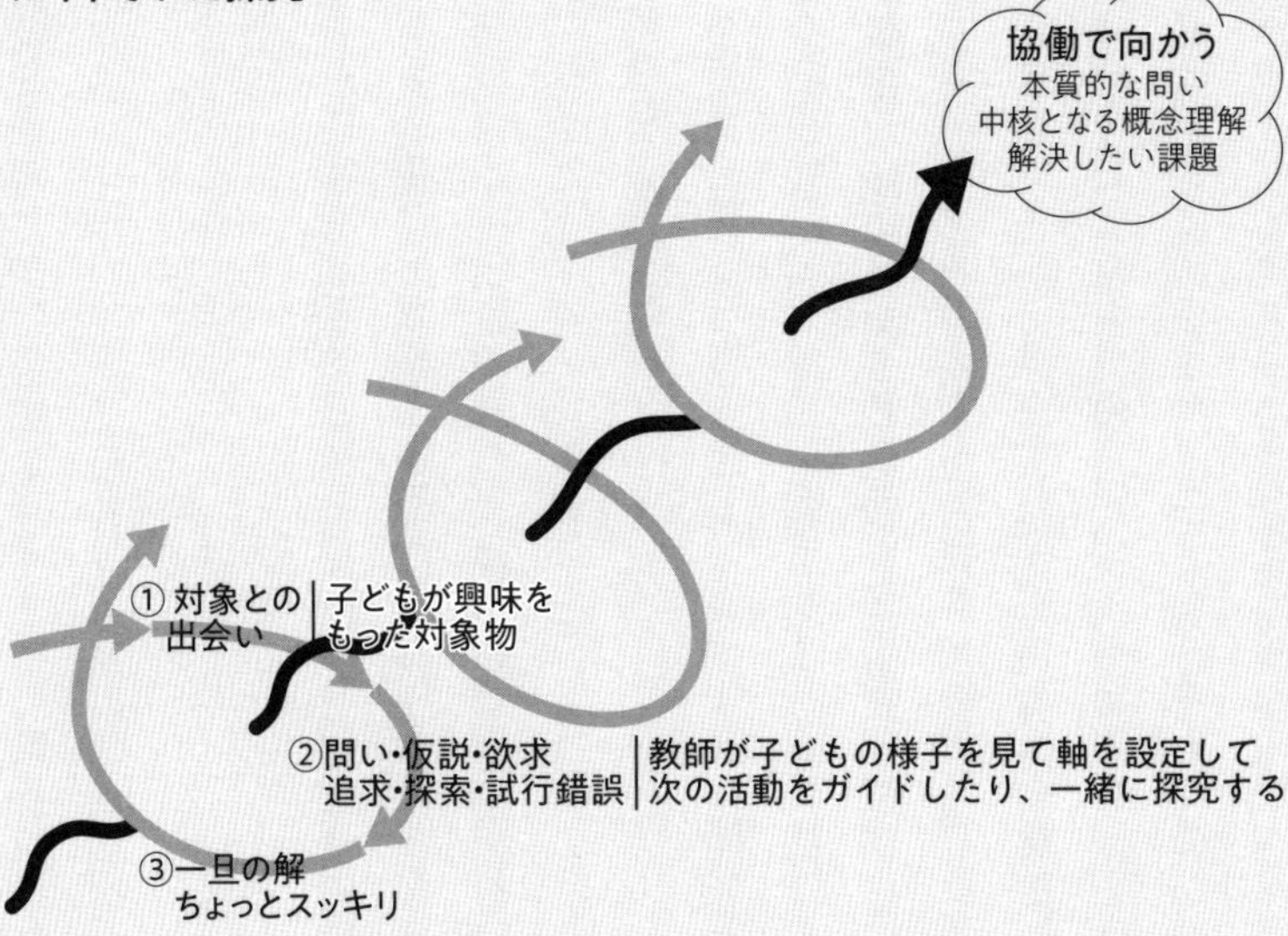
協働で向かう
本質的な問い
中核となる概念理解
解決したい課題
①対象との出会い
子どもが興味をもった対象物
②問い・仮説・欲求
追求・探索・試行錯誤
教師が子どもの様子を見て軸を設定して
次の活動をガイドしたり、一緒に探究する
③一旦の解
ちょっとスッキリ

どもたちの興味と好奇心を喚起して、その上で子どもたちから問いやアイディアが生まれるのを見届け、ネクストステップをデザインする。オランダのイエナプランのワールドオリエンテーションもある程度探究を構成するなかで、こうしたガイデッドアプローチを取り入れている。しかし、こうした方法は子どもたちをよく観察し、何を学ぼうとしているのかを、その児童の姿からそのときそのときによく見ていなければならないため、卓越した観察力（見取り）と軸の設定能力、また複数の子どもを同じプロジェクトに導くマネジメント力など非常に多岐にわたって教師の力量が試される。

レッジョ・エミリア・アプローチの実践例

少しイメージをつかむために、1995年シンガポールに開校したイートンハウスの日本にある分校で、レッジョ・エミリア・アプローチを採用している園を訪問したときのことを紹介したい。そのときは5歳前後の子どもたちが、ドレスを作るプロジェクト、人形劇を作るプロジェクト、木を自分たちで育てるプロジェクトなどに集中して取り組んでいた。レッジョ・エミリアでは子どもたちが何をしたいかだけではなく、プロジェクトの終了すら自分たちで決定する。そのため、その長さは7カ月だったり1年だったりさまざまである。そこで、小さな子どもたちがなぜそれほどまでに長い期間一つのプロジェクトに没頭できるのかと、ディレクターのアンリ・タン氏に聞いたことがある。そのときの回答は以下の通りだった。

・子どもの興味に従ってカリキュラムを設計すること。

・だからといって、子どものやりたい放題にさせるのではなく、学びのコンセプトをしっかり立て、それに従って、子どもたちがさらに興味の幅を広げ、深く探究できるように導くこと。

・興味がないときには他のプロジェクトに行ってしまう子もいるが、そういうときにはその子のプロジェクトでの役割や意味をはっきり伝え、子どもに判断させること。

・とにかく子どもの興味を引く題材や仕掛けをデザインしたり、環境を整えることに教師は注力し、子どもへの直接的な関わりは最低限にして、子どもたちが自己主導で探究できるように導くこと。

さらに、レッジョ・エミリアのカリキュラムの設計における教師の資質として何が大切だと思うかと尋ねたところ、「概念（コンセプト）」、つまり子どもたちが何を学んでいるかの軸を設定できない教師はいい授業がつくれないとはっきり答えた。そのような教師は、常に子どもの興味にふりまわされ、いろいろなアクティビティをする割には活動を深められないというのである。

こうした学びは、子どもの個別の見取りも要求されるため、1クラスの人数が多いときには無理をしないほうがいい場合もある。日本の総合学習の実践のなかには（先の見通しもある程度可能な）力のある学習材を上手に活用しながら、児童・生徒が何を学んでいるのかを見落とさない優れたガイドされた探究を実践するケースも認められる。

最後に(3)の「オープンな探究」である。これは児童・生徒が自ら問いや仮説を立て、活動を設計し、探究を深めていくものである。ライティングワークショップなど、子どもがもてるスキルをベースに行う活動や、リサーチ力を含め、複雑な課題や大きな問いに対応できるようになった年齢で実施すると大変有効だ。しかし、小学生くらいの段階で好き勝手にやりなさい、となってしまうと、深める力やリサーチ力などのスキルが付いていないので注意が必要である。

遊びと探究の関係

ここでオープンな探究と関わりの深い「遊び」について触れておきたい。たとえば、子どもたちが（特に大人が介入しない場で）遊ぶ姿を観察すると、子どもたちは集まって何をしようかと話し始める。誰かが楽しい遊びを思いつき、それをみんなで改善したり改変したりして遊び続ける。オランダの歴史家ヨハン・ホイジンガは『ホモ・ルー

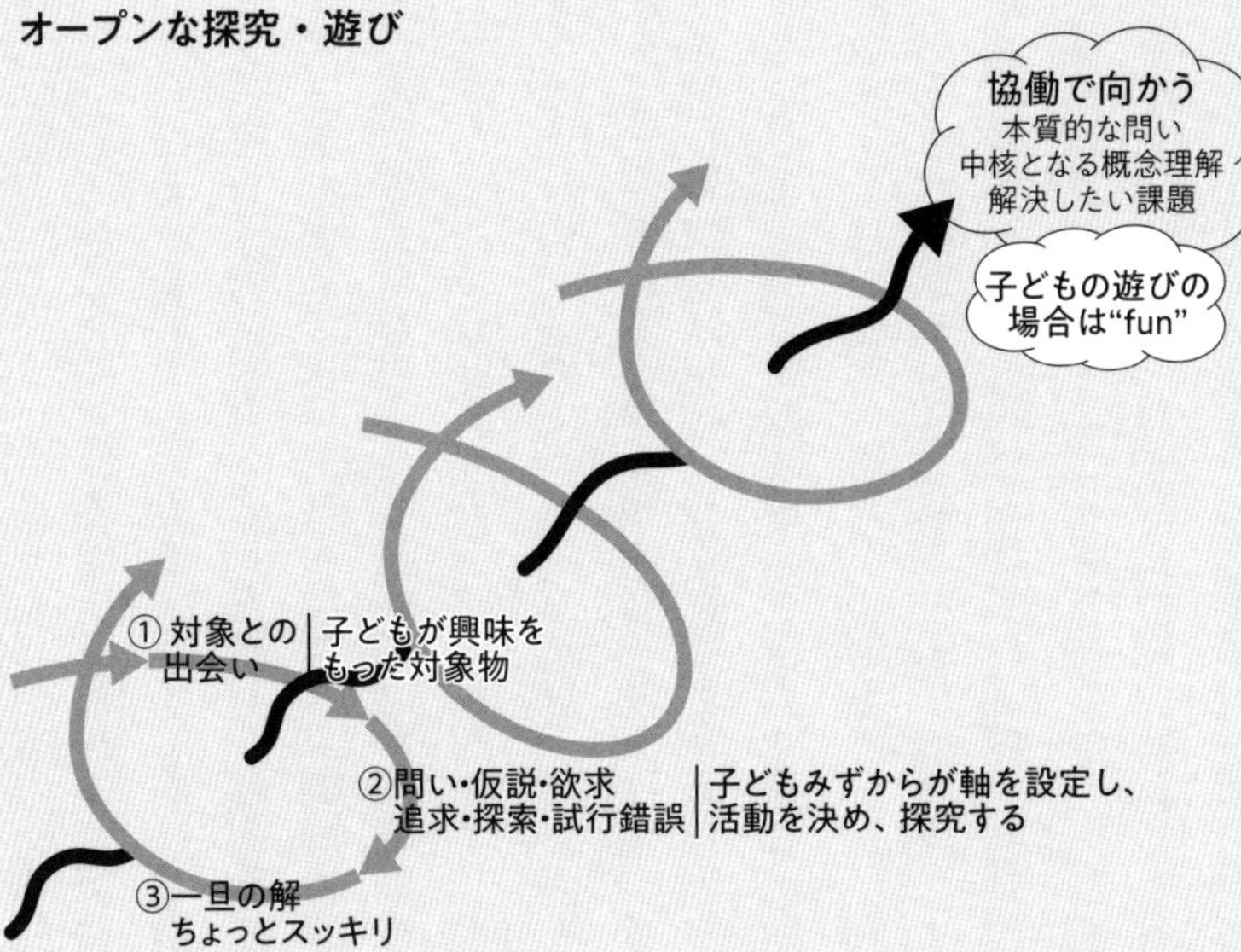
オープンな探究・遊び
協働で向かう
本質的な問い
中核となる概念理解
解決したい課題
子どもの遊びの
場合は"fun"
① 対象との
出会い
子どもが興味を
もった対象物
②問い・仮説・欲求
追求・探索・試行錯誤
子どもみずからが軸を設定し、
活動を決め、探究する
③一旦の解
ちょっとスッキリ

デンス』で「面白さ」、英語の〝fun〟という要素こそが遊びの本質を明示するものだといったが、[*49]確かにこのとき「楽しい」「面白い」が子どもたちの中心にある。彼らはつまらなくなると、バラバラになり、また新しい遊びを考えるということを繰り返す。これは「楽しさ」「面白さ」が軸となったオープンな探究そのものである。だからこそ、探究の感覚をつかむためにも、小さい頃の遊びの経験は必要不可欠なのである。

米ブラウン大学歴史学教授のハワード・チューダコフは「組織されない子どもの遊び」、つまり「管理されないで主体的に遊ぶ子どもたち」が、「自身が何をどのようにするかを決定し、また遊ぶ過程で目標やルールを変更する自由を持っている遊び」が子どもを大きく育てるという。[*50]日本の霊長類学者、サル学の世界的権威の河合雅雄氏が子どもの頃にどのように遊んだかを記した『少年動物誌』などを読むと、優れた研究者の探究心が何の制限もない山の遊びのなかでいかに育まれたかがよくわかる。

こうした遊びの経験を十分にしてきていない子が集まっている集団だと、探究の基礎的感度が失われてしまっているときがある。そうしたときには、子どもたちは自発性にも欠け、ガソリンのない車のようになってしまっている。そのため、元気が出て、感情や感性が戻ってくるまで、少し時間に余裕をもたせたりすることを心がけたい。

特に初等教育では年度はじめはあまり詰め込まず、設計している問いに関連した楽しいアクティビティ、たとえば、穴を掘る、遊具を作るなどを中心に設定し、子どもの個性（資質・能力）を徹底的に見取りながら、自由に考えたり行動する、余白ともいえる時間をもつことは有効である。そうした足腰があってはじめて、学年末に向けて探究学習の機動力が高まっていく。逆にはじめにスピードを上げたところで、児童生徒の探究心が育っていない場合は「やらされ探究」となり失速していってしまう。

一方、ジョン・デューイは遊びの本質を「fun」とは少し違ったかたちで捉えた。遊びは娯楽的な楽しさだけではなく、現在と未来を繋ぐ個人の興味・関心に基づいて始まり、その目標（未来）の実現のために必要な複雑な問題解決に内的に動機づけられていく自由な活動なのだと主張した。そして、遊びの活動がより複雑になり、より多くの社会的な意味をもつ活動になるにつれ、誰に強制されるでもない自由な活動が生まれ、それこそが本来の「仕事」なのだと考えた。そういった意味で「遊び」と「仕事」は私たちが一般的に考えるほどかけ離れていないという。[*51]

さらに「遠い未来の結果が予見されており、それらを成し遂げるために粘り強い努力がなされるとき、遊びは仕事へと転化する[*52]」とし、真剣な活動のなかで未来への手立てを自ら選択し、実践する経験のなかでこそ本当の意味の学習がなされるとした。ここで「一時的な便宜や束の間の快適さ」ではなく「知的な社会的な問題」がなければ効果的な学習には繋がらないと指摘されていることは重要である。[*53]

こうした「遊び」「学び」「仕事」の境界線が曖昧な働き方は私にも実感がある。遊びの態度がしっかり含まれつつも、かつ社会的な意味を追求する活動こそが、深い学びを引き起こすといえるのではないだろうか。

協働する探究によってコンピテンシーを育てる

こうして代表的な探究モデルを見ていくと、より非構成な探究のほうが優れているとか、そういう話ではないことがわかる。考え抜かれた環境と活動で構成された探究であっても、子どもたちは適切な刺激を受けることで自発的に問いをもち、のびのびと自ら学ぶ意味合いを構築していくことが可能である。一方で、「遊び」が極めて重要な探究の根幹をなすものであることも見てきた。

いずれにしても、もし子どもたちが将来幸せに生きていくことを目指すのであれば、さまざまな探究の輪を回す経験を通じて、自己を見出し、徐々に重たい車輪を回してみんなの役に立つ存在でありたいものである。探究学習の過程で知識を習得するだけではなく、好奇心、自己肯定感、批判的思考力、協調性、表現力のような非認知能力が育まれ、それが土台になることで、さらなる探究の展開を助けるものとなる。

子どもたちは協働する探究によって下記のような力を身につけていく。

1. 軸を設定する力

↓問いを設定する能力、課題設定能力、概念を把握する力

2. より大きく重い車輪を回す力

↓レジリエンス、協働する力、仲間を巻き込む力

3. 新たな車輪を設定し、学び続ける力

↓一旦の解にたどり着いたあと、また新たな車輪に挑戦し、学び続ける力

つまり、自ら問いや仮説を設定し、自分の軸を見つけ、時には思い通りにならないことに耐え、自分ができないことについては人の協力を仰ぐことを学んでいくのである。まさにこうしたベースとなる知識や経験を生かしながら、探究の車輪をみんなで一緒に回す営みによって、認知・非認知双方の力を蓄えていく。

ソヴィエトの発達心理学者ヴィゴツキーは、協働で学ぶことの重要性を示唆した。子どもたちは、日常的な生活のなかですでに自然と身につけている生活的概念を一緒に学ぶ人たちと交流させ、人類がその歴史の積み重ねのなかで蓄積してきた学問や知識の体系である科学的概念を学ぶという。一方で、子どもたちが科学的概念を習得し、それを自覚しうるためには、同時に生活的概念の発達が一定の水準にまで達していることが極めて重要であることも指摘した。たとえば、読み書きができるようになるためには、子どもの能力がアルファベットの文字の名称を覚えられる程度には発達して

いることや、注意がある程度持続する、思考が文字記号と音の関係を理解するなど、いくつかの前提条件を備えなければならない[*54]。

そして、ヴィゴツキーは子どもが自力では解決できないが、人との協力において達成しうるそうした学びの領域を発達の最近接領域（ZPD：Zone of Proximal Development）と呼んだ。この考え方は、一般的な教授の場面だけではなく、探究学習にもそのまま当てはまる。探究の単元をスムーズに進めるためには、言語能力や豊かな経験に支えられた感性、良識などが協働によって進められるくらいには準備されていることが望ましいだろう。また、安心して問いや人とは違う自分の意見を伝えられる環境や、好奇心、批判的思考力、コミュニケーション・コラボレーション能力が適切に備わっていることも必要だ。そして、こうした能力は、探究の活動によってさらに高められていく。こうした探究の過程で身についていく総合的な力こそが、日本の学習指導要領でも示されているような「資質・能力」にあたるものだと私は考えている。

特に、上記で挙げたような協働における「軸を設定する力」「より大きく重い車輪を回す力」「新たな車輪を設定し、学び続ける力」は、他者と共に探究の輪を回す経験によってしか身につかない。そして、そうした力は子どもたちが大人になったときに、仕事でプロジェクトを立ち上げるにしても、研究をするにしても、必須のものとなる。力がつけばつくほど、人や地球のために仕事をすることができるようになっていく。探究の輪は回せば回すほど、遠心力がはたらき、科学的概念も、非認知能力も絡みついてくる。そして、一旦そうした探究の輪の回し方を身につけ、その楽しさと意味を獲得した子どもたちは決してそれを忘れることはない。厳しい言い方かもしれないが「這い回る経験主義」は、こうした動力と遠心力のはたらくような探究学習の設計ができなかった教師による言い訳でしかない。だからこそ、技術を磨かなければならないのである。

遊んでばかりではきっと自由になれない。でも人の役に立ちつつも、人生が遊びだと思える人はきっと幸せである。そのためには力が必要だ。米国の社会科学において「シリアス・プレイ」という言葉がある。子どもたちには、遊びと学びと仕事の間で力強く育っていってほしいと心から願っている。

4

探究における問いのデザイン

今すぐ答えを捜さないで下さい。あなたはまだそれを自ら生きておいでにならないのだから、今与えられることはないのです。今はあなたは問いを生きて下さい。[*55]

ライナー・マリア・リルケ（詩人）

1 本質的な問いとは？

「本質」とは何か

本章では、前章で触れた探究の中心軸の具体的な設定について考えたい。活動の意味を示す意識的な軸の設定は、学校における探究学習の設計上、極めて大事なものとなる。協働する探究の軸は、先のイメージ図で示したように、以下の3つを設定する。

1．本質的な問い
2．中核となる概念理解
3．解決したい課題

まず、本章では「本質的な問い」を軸にするケースについて考える。欧米では探究の単元設計における中核となる問いについて、それが本質的な問い（Essential Question）かどうかということがよく問われる。本質という言葉は、辞書などを引くと事物の本性、基本的性質などを表すと出てくる。では、ものごとの本性や基本的な性質というものはどのようにしたら捉えられるのだろうか。

北海道大学の田口茂教授は、フッサールの『経験と判断』の記述を引用しつつ、本質というものは「結びつきの現象」と呼んでもよいものであり、ハブ空港のようなイメージで捉えられるかもしれないと説明している。[*56] 私たちの目前にはさまざまなものが現れてくるが、私たちは、そのなかに常に何らかの共通性をつかまえるがごとくものごとを認識する。違いや変化も共通性をつかむなかで同時に把握されていく。たとえば「赤」の本質について、私たちは今食べようとしたリンゴの赤や小さい頃に驚いた血の赤、1年前の夕焼けの赤などに共通性を見ていくとともに、違いや変化も認識している。こうした時間と空間を超えて結びつきの媒介としての「赤」という本質は、あたかもハブ空港のようであると田口教授は言及する。そして、赤色には茜色、薄紅というもっと小さなハブ空港があるが、青などの別系統のハブ空港と区別される。さらにその上位には色というハブ空港がある。私たちはさまざまな赤や青や茜色、藍色などの経験をもち、その経験をたずさえてハブ空港を行ったり来たりする。赤という空港に留まっている限りは、赤は単なる概念に過ぎない。しかし、私たちは、それらのハブを行ったり来たりしながら、一人ひとりの経験の響き合い、重なり合いを通じて、繋がっていける。赤を問う、赤の本質をみんなで考えるということは、そういうことではないだろうかと田口教授は問う。

学校現場で言及される「本質的な問い」の設定も、こうしたハブ空港的な考え方を使って、よりよい学びを設計していくことができるように思う。

ここからは、国際バカロレアなどでも参照される米国の教育者マクタイ&ウィギンズによる「本質的な問い」の考え方を中心に、学校現場でどのように問いを設計していけばよいかをまとめていく。

本質的な問い、本質的でない問い

まず、質問からスタートしたい。以下のうち、どれが（より）本質的な問いだとみなさんは考えるだろうか。

1. インカ帝国とマヤ文明によって利用された共通の芸術的シンボルは何か。
2. 正義の戦争は存在するのか。
3. 誰が本当の友達なのか。
4. 第一次世界大戦を勃発させた鍵となる出来事は？
5. 効果的な問題解決をする人は課題に直面したときに、どのような行動を起こすか。
6. 科学的調査における変数は？

マクタイ&ウィギンズは本質的な問いは2、3、5であり、それ以外は本質的な問いでないとする。みなさんの回答はどうだったろうか（この回答の理由は後述）。ところで、そもそも「本質的な問い」と「本質的ではない問い」、もしくは「良い問い」「悪い問い」と簡単に切り分けられるものだろうか。たとえば、私たちは潜在的な問いを無意識のうちにたくさん抱えている。そして、「抱えていたようだ」と気がつくのは、その見えない問いが、何らかの経験を通じて、意味をもって意識され顕在化したときではないだろうか。たとえ、「生きるとはどういうことか」という問いはもっていても、日常では表立ってこない。そのような問いをもっているかと聞かれたら、もっていないと答えてしまうかもしれない。でも何らかのかたちで自らの生命が途絶えるような状況に直面したときに、その問いが生起してくるかもしれない。

私の家では毎年、レモンの木にアゲハチョウが卵を産み付け、それが毛虫になり、さなぎからチョウへ成長する。庭では春になるとコブシの花から咲き始め、木瓜《ぼけ》、ツツジ、クチナシ、紫陽花《あじさい》と順々に咲いては枯れていく。その成長したチョウや草花を眺め、生命の永遠の繋がりを想像するときに「生とはなんだろう」とふと私は思うかもしれない。このように何かの刺激を受けて、問いが浮き上がってくるイメージのほうが自然ではないだろうか。

「死」も、潜在的に「死とはどのようなものだろう」とどこかで思ってはいても、日常で顔を出してくることはない。でも何らかのきっかけでそのことを深く考えるようになる、ということはあるかもしれない。本質的なものとは、そういう出会い方をすることが多いのではないだろうか。

誰しもが意識せずに無数の問いをもっている。デューイの探究の定義でいえば、モヤモヤと何かを感じ取るが言葉にならない「不確定な状態」のことである。そこに良いも悪いも、実はないのではないだろうか。それこそ「今、私はなんでこんなにお腹が空いているんだろう」という問いも、いくらでも科学的、心理的に面白い問いに繋がっていく。このことは「子どものための哲学」でも大切にされていることで、子どもから出てきた問いを良い悪いでジャッジしないで受け止めることが求められている。

それなのに、ある特定の問いに対して本質的とか良い悪いなどといい始めるのはなぜだろうか。それはきっとある人にとって意味のある問いが、ある人にとっては意味が感じられない、ということがあるからではないだろうか。私が問いをもち、それに意味を感じるのは当然のことだろう。意味があると思うから問うのである。個人の問いと意味はセットのようなものである。しかし、その問いを誰かと共有するとしたら？ もしくはヴィゴツキーが指摘するように、その問いの探究において、ほかの人たちの見方や考え方、感じ方に触れて、一人で問いを探究するよりも、深く、広く問いの旅に出られるのであれば？ だからこその学校であり、協働の学びの意味が出てくるのではないだろうか。

2 協働する問い・本質的な問い

マクタイ&ウィギンズによる3条件

もしかしたら課題となっている「本質的な問い」は、子どもたちが集う学びの現場においては「協働する問い」と置き換えて考えてみてもいいのかもしれない。「協働する問い」であれば、多数者が納得するよりよい問いの設定が要請される可能性が高まるだろう。

では、どんな「協働する問い」にしたらもっといいのだろうか。そうやって問い直していくと、「本質的な問い」の条件がもう少しクリアになるかもしれない。

ここでマクタイ&ウィギンズによって示されている本質的な問いの条件のうち、3つを例にとって考えてみたい。[*57]

1．本質的な問いは生涯を通じて繰り返される問いであり、時空を超えるものである

「なぜ私は今お腹が空いているのか」という問いは、私の今の身体的状況に関わるもので、時空を超えていない。たとえばそれを、「空腹は人をどういう行動に誘うか」と設定を変えれば、いつでも問うことができる疑問であり、同時に空間も超えることができる。抽象度が高くなると、時空を超えやすくなる、といえる。

冒頭に紹介した6つの問いを同じように、時空を超えるものかどうかという基準であらためて見直してほしい。簡単に正答が得られるはずである。

2. 本質的な問いは、さらに深く、水平に広がっていく可能性をもっている

この条件は、つまり広く、深く学べるように問いを設計せよ、ということである。逆のことをいうと、すぐに答えらしきものが見つかって、それで満足してしまうような持続性のない問いを設定すべきではない、ということである。

一人で問いをもつ場合は、浅くてもいいし、簡単に答えられても一向に構わない。目を止めた花について、「この花の名前ってなんだろう」と問うても、その問いを時空を超えないから本質的でない、とけなす人は誰もいないだろう。

しかし、教室にはせっかく生徒たちが集まっており、ある一定の時間が与えられている。そうであれば、その環境に応じて「もっと広く、深い世界に行ってみないか」という提案には意味がある。さまざまな考え方や経験をもった生徒たちが一つの問いに向かう場合、深めやすく、広げやすい問いは、共に一緒に旅をして有意義な乗り物になりうる。一人で探究していたときには思いもよらなかったような場所に行けるのであれば、それは非常に魅力的なことのはずである。

3. 本質的な問いは、自分の過去の経験、そして未来の自分に意味のある繋がりをもち、探究心に火を点ける

この条件の背後にも間違いなく「協働」という言葉が隠れているだろう。なぜなら、一人でもつ問いは、自ずと自分の過去の経験に立脚しており、自分の未来に意味のある繋がりをもつに決まっているからである。そうでなければ、そもそも問いとして立ち上がってこないはずだ。

わざわざこんなことをいうのは、複数の人間が協働で一つの問いに向かうからである。つまり、クラスの多くの生徒が設定された問いを自分の過去の経験と照らし合わせることができ、将来にもその繋がりが伸び、一緒に取り組もうと思えるかどうかが勝負所だ、と伝えているのではないだろうか。

実例から本質的な問いを考える

ここで、実例から「本質的な問い」について少し考えてみたい。Global Digital Citizen Foundation による『本質的な問いのガイドブック』では、暴風雨の事例を挙げて、それが「本質的でない問い」から「本質的な問い」へ近づく例を見ていくワークが紹介されている。レベル4に向けてより本質的な問いになっていくとされている。

レベル1の問い：暴風雨は湿気を生むのか。
レベル2の問い：暴風雨はどのようにして雨を生み出すのか。
レベル3の問い：暴風雨の雨は生態系にどのような恩恵をもたらすのか。
レベル4の問い：暴風雨がないと私たちは生きていけないのか。

このガイドブックでは、レベル1では、生徒の深い思索や探究を引き出すことは難しく、新しい質問も誘発しにくく、動機づけにも欠ける、とされている。グーグルで検索すれば、すぐ答えらしきものが見つかってしまうこともNGポイントとなる。レベル2になると、生徒の調査のモチベーションを誘発することができるが、限定的で生徒が情熱をもって取り組むには物足りない。

レベル3になると暴風雨と異なるシステム（生態系）との関係性について触れられるようになり、生徒の問いへの関与の動機づけがぐっと深まるとされている。最後にレベル4になると、さらにその問題は「私たち」に紐づけられ、そのスコープは生態系だけではなく、農業、食料生産、ビジネス、自然の美しさなど大きな広がりをもつようになる。また、協働で取り組める課題解決の要素も出てきて、私たちが何に寄与したらいいのか、と自分ごととして考えさせられるものとなっている。直線的で単一的な答えより複合的な答えを要求するものに変化している。

この4つの説明にしても、教室内での協働における「問いのデザイン」のレベルを説明したものと捉えるとしっくりくる。つまり、レベル1の問いも、十分に問いとして成立する。しかし、もし複数の生徒がいて、プロジェクトデザインや探究単元のデザインを行う場合にはスコープが狭すぎて、授業として成立しないかもしれない。

そうなると、そのプロジェクトの大きさによって、問いの深さや広さ（スコープ）を柔軟に設定すればいい、ということになる。たとえば、6週間の単元であれば、それに応じた問いのスコープを定めていけばよい。1年間の単元であれば、もっと深く、広く行けるだろう。また、児童・生徒たちの探究の広がりや深さによって問いをどんどん育てていくこと（抽象化）も可能だし、またより具体的な問いにしていくことも時には必要だろう。今までの一斉授業や詰め込み型教育はこうしたスコープの大きい問いに取り組むことができず、多数の小さな答えのある問いを出され、機械的に回答させられることに問題があった。だとしたら、もっと大きな問いに協働で取り組めるように、改善していけばよいのである。

3 人生にとって大事な問いを見つけるために

人生を貫く問い

さて、そうなると最大の問いは何かというと、「人生を貫く問い」になってくるだろう。

人生を貫く問いと教育の目的は切っても切り離せないものである。幼児教育の祖といわれるフレーベルは、「私たちすべては本質をもっており、その本質を発展させながら、表現する必要がある」「教育の使命は人が自己を明確に認識して、自然と和し、その本質に導くことである」といった。*58 つまり、一人ひとりが人生を貫く問いを見つける手助けをし、その問いが解けるように導くのが教育の目的だというのである。

フレーベルがいうように、人が自分自身を知り、その自己を表現し発揮させることを支援するのが教育の使命なのであれば、学校はその自己を知るプロセスへと導く問いについて練習する場になるのかもしれない。そもそも「自分自身を知る」ということは、誰しもが一生涯取り組む営みである。生涯にわたって問い続け、自分なりの答えが更新されていく類のものである。そのような問いこそが本当に人生を豊かにする問いとなるだろう。そもそも「自分を知る」という営みは、他者との関わり合いのなかで深められていく。それをサポートできるのが教育や学びだとするならば、教師とはなんと素晴らしい職業なのだろう。

学習指導要領から問いを引き出すことは可能

問いを設定する方法として、子どもたちの内側から引き出すだけでなく、学校のカリキュラムとして外側から問いを投げかけることもできる。たとえば、三権分立を学ぶときに、「どのようなときに政府はその権限を逸脱してしまうのだろうか」「政府による権力濫用はどのように阻止できるのか」というような問いを投げかけるのである。また「その地域の地形や天候、天然資源はそこに住む人の経済やライフスタイルに影響を与える」ということを理解するために、「あなたがどこに住むかということは、どのように生きるかということに影響するか」という風に切り換えることもできる。*59

こうした学ぶべきコンテンツから問いをつくるには、少し慣れが必要である。幸い、学習指導要領には問いに繋がるようなコンテンツが豊富に含まれている。それらを利用して、問いを基軸とした探究学習の単元やプロジェクトをつくることは十分可能である。

ただ、問いについては今まで説明してきた通り、吟味が必要である。たとえば、現行の中学校学習指導要領の地理分野においては以下のような問いが例示されているが、これらについてマクタイ&ウィギンズのいうところの「本質的な問い」に相当するかどうか少し考えてみてほしい。

・中国では人口問題に対してどのような対策がとられてきたのか。
・EUはどのような経緯でその構成国を変化させてきたのか。
・米国では農業地域の分布にどのような特色があるのか。
・オーストラリアでは民族構成がどのように変化してきたのか。

今まで読んでこられた方たちにはすぐわかると思うが、これらは彼らの定義によると「本質的な問い」ではない。地域に限定されるから「トピックベースの問い」となる。つまり、そのままでは調べ学習(次章において説明する低次の思考)にとどまってしまう。よって、単元の中核となる問いとしては不十分である。もし中核の問いとして設定したいのであれば、問いの抽象度を上げるしかない。たとえば、以下のような変換の仕方が考えられる。

・中国では人口問題に対してどのような対策がとられてきたのか。
↓一国の人口問題は世界経済や世界各地での紛争にどのような影響を与えるか。

・オーストラリアでは民族構成がどのように変化してきたのか。
↓国の民族構成が変化するのはなぜか。どんなときに起こりやすいか。

このように問いを抽象化することで、ある特定地域の調べ学習にとどまらず、それを大きな視点で普遍化できるようになってくる。逆もいえて、人口問題や民族のような大きな問題は自分の街にもある課題と捉え、自分ごととして考えやすくなる。また、特定のトピックを超えることで、中国やオーストラリアに必ずしも興味のない子どもたちも、経験をもち寄って話し合えるようになる。こうして、ブルーナーの指摘するような学習の転移が起きる。本質的な問いはより多くの子どもたちを惹きつける可能性をもっている。

いずれにせよ、問いは静的なものではなく、動的なものである。もちろん、児童・生徒の興味・関心を見取りながら、トピックベースの問いからスタートし、抽象的な問いに育てていっても構わない。なお、こうやって見ていくと、本質的な問いよりも本質に向かう問いといったほうがより正確だし、さらにいうと「協働して取り組む中核となる問い」のほうがわかりやすいかもしれない。いずれにしても、教師ははじめから優れた本質的な問いを立てようなどと力むのではなく、むしろ問いの構造を理解することのほうが先である。

そして、カリキュラムデザインとしてのよい問いが自分で考えられない場合は、気を楽にして、同僚とともにかくたくさん思いつく質問を出し合ってみるのも一つの方法である。その上で、より探究学習の中核となる本質的な問いになりうるものと、具体に近いサブ的な問いを分類するような作業を誰かと一緒にやってみると格段に楽になる。慣れないうちは、決して一人でやらないことがポイントだ。力まず仲間や子どもたちと一緒に学んでいけばいいのではないだろうか。

5

概念を使った探究のデザイン

概念の直接的教授はつねに事実上不可能であり、教育的にも無益である。[*60]

ヴィゴツキー（心理学者）

1 概念を使うと授業は面白くなる

「中核となる概念理解」を軸とする

前章では、3つの協働する探究の軸のうち、「本質的な問い」についてまず確認した。次は2つめの軸となる「中核となる概念理解」の設定の仕方について述べていく。

「中核となる概念」は「本質的な問い」と密接に関連し、表現が違うだけといってもいいほど近しいものである。ここでいう「中核となる概念」は「さまざまなかたちで問い直されていく言葉」と言い換えてもいいだろう。「問い」が定まっているか「概念」が定まってくるかで、実際の授業設計が少し違ってくる。しかし、どちらが正しいというものではないので、教師個人がしっくりくるほうを選ぶのでよいと思う。

本章では、「中核となる概念理解」を軸とする探究設計について、国際バカロレアの中等教育プログラムの開発コンサルタントを務めた米国の教育者リン・エリクソンの考え方を紹介する。現在、リン・エリクソンはロイス・A・ラニングと共に概念型カリキュラム（CBCI：Concept-Based Curriculum and Instruction）の普及活動をしているが、本書冒頭に述べたように、私はリン・エリクソンの概念型カリキュラムに2013年に出会い、衝撃を受け、探究学習の設計・開発をスタートしたという経緯がある。本章においては、このCBCIをベースとした概念型カリキュラムを基本に説明をしていくが[*61]、この考え方を参考にして過去に私たちが設計・実施した小学生向けの探究プロジェクトでどのように中核概念を設定し、授業を構成していったかについても紹介する。

教育コンテンツの増加と概念の活用

今の世界は人工知能の発達による産業構造の変化、各地で深刻化する環境問題、戦争の勃発、難民受け入れをめぐる国内政治の分断などさまざまな問題を突きつけられている。こうした現代の状況の特性は、Volatility（変動性）、Uncertainty（不確実性）、Complexity（複雑性）、Ambiguity（曖昧性）の頭文字をとってＶＵＣＡ（ヴーカ）と呼ばれている。しかし、こうした不確実な未来に向かって、万全に準備をしようとすると、学びのアイテムは膨らむ一方だ。もちろんグローバル化は強まっていくだろうし、人工知能を含めた技術発展も進むだろうから、英語を学んだり、データサイエンスを学んだりということはある領域の仕事をするにあたっては有益かもしれない。しかしだからといって、何でもかんでも子どもたちに一律にインストールしなければならないと考えるのは、ある種のパラノイアではないだろうか。

しかし、こうした考え方は、近代以降私たちの心的なシステムとなってしまっている。つまり会社で中期計画を立てるときのように10年、20年程度の未来予測をして、そのために準備をすることが私たちの心の習慣となってしまっている。しかし、それが有効なのは、ある程度見通しのつく社会に限ってである。そうではなくなってしまった現代で同じことをすれば、何が起きるかは明白だろう。今、世界的に教師が努力すればするほど、学習内容が増えてしまうという問題が起きており、カリキュラムオーバーロードといわれ、ＯＥＣＤでも２０２０年に報告書が出ている。[*62] さまざまなコンピテンシーを身につけさせたいと思うがあまり、詰め込みになってしまうのである。

しかし、こうした負荷の大きいカリキュラムは教師にとって負担なばかりではなく、生徒にとっても学びが薄く、効果の低いものになってしまう。特に気質的に真面目で完璧主義の日本では、その傾向が強く現れるのではないかと危惧する。

そうしたときに、学びのコンテンツを独自に大きく減らすことができればいいのだが、公教育の現場では勝手にコントロールすることもできないだろう。しかし、リン・エリクソンたちは、ある程度までは学びのコンテンツが増えても、やり方を変えていくことによって、カリキュラムオーバーロードの問題を乗り越えることができるという。その鍵は「概念（Concept）」の活用だ。

低次と高次の思考間の相互作用

リン・エリクソンは、小学校の低学年までは多くの学校で概念を存分に活用した学びができていると指摘する。

米国で娘が通った公立小学校低学年の授業では、家から子どもたちはさまざまな石を持ってきて、それらの石の大きさや長さ、重さを測って、その触感の違いを確認したり、石はどこから来て何からできているのだろうと話し合っていた。ピザの絵を実際に切り分けて分数を学んだり、袋に入ったコインの金額を当てっこして、足し算や掛け算の概念を、活動のなかで学んでいた。日本でも生活科で子どもたちは、ヤゴやメダカや朝顔を育てたり、地域に出かけていく。そうした活動のなかで、子どもたちは生物のことや、自分を取り巻く社会について理解を深め、その理解を身体も使いながらさまざまなものと繋げ、深めていく。

朝顔を育てているとき、子どもたちは、成長の速度（長さや高さ）、養分や太陽の動き、美しさ、花の成長と咲く時期、世話をするときの感情など、さまざまな事柄を身体や心を動かしながら、丸ごと受け取る。しかし、学年が進むと歴史的事実や地名、計算方法、定理、語彙……などをバラバラに記憶してはテストされることが増えてくる。そうなるとモノ・コト・ヒトを繋げて理解していくような概念の活用がされず、児童・生徒たちの学習意欲が下がっていくという負の相関が見られるという。

左頁の図はリン・エリクソンによる概念の使用と事実に関する知識の量の変化が、どのように子どもたちのモチベーションに影響するか示したものを、日本の学校に合わせて少し改変している。左側の図では学年が上がるごとに、事実の量が増える一方で概念の取り扱いが減り、生徒の学習意欲を下げてしまうことを示している。一方で、右側の図では、事実に関する知識と概念の活用をバランスよく伸ばしていくことで、学習意欲がそのまま継続する状態を示している。[*63]

リン・エリクソンたちは、学年が上がれば上がるほど、学びのアイテムが増えていくことそのものを（限度はあるが）否定しているわけではない。米国にも学習指導要領

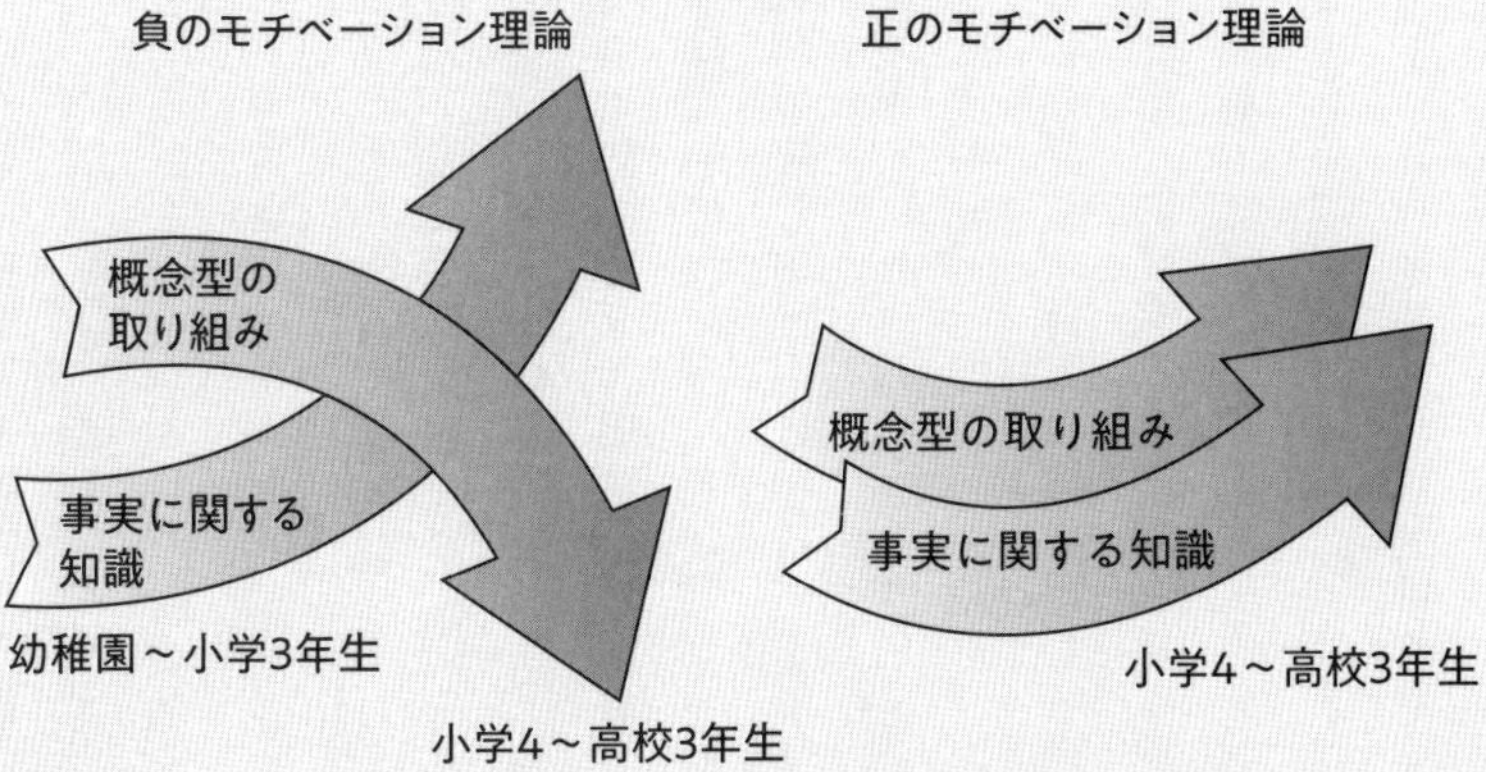

『思考する教室をつくる概念型カリキュラムの理論と実践』を参考に著者改変

にあたる学習スタンダードがある。そうしたものを満たしていくことをある程度ポジティブに受け入れつつも、なお批判的、創造的、概念的思考をもった生徒を育てるにはどうすればよいかを考えているのである。時間的制約があり、さまざまな生徒がいる教室環境のなかで、学力基準を満たすためにはどうしたらいいのかについて示唆を与えてくれるのである。

リン・エリクソンたちは、知力の発達の鍵は事実レベルと概念レベルにおける思考の相乗作用（Synergistic Interplay）にあるという。そして、従来のカリキュラム設計のモデルでは、情報からなる基盤に確固とした概念構造をもたらすことができないため、結局、内容網羅型になり、認知的に浅い指導と学習しかできないことを指摘した。

彼らは高次の思考と低次の思考を使い分ける。この使い分けは本章の理解において重要なので、少し説明しておく。たとえば、「応仁の乱は何年に始まった？」という問いに回答することは、低次の思考である。一方で、エリクソンたちにとっての高次の思考は、たとえば「応仁の乱は、非常に個人的な一つの事件から始まったように見えるにもかかわらず、諸国の守護大名の不満や利害を巻き込み日本中に広がる大きな戦争になり、戦国時代に繋がった。このことは現代の戦争にも通じる重要な示唆を与える」と考えていくことである。

エリクソンは、事実（Fact）を多く知り、低次のスキルを使えるようになることとそのものは必要なプロセスだとする。しかし、知力を体系的に発達させようとするならば、低次と高次の思考間の相互作用がなければならないと考える。

もう一つ例を挙げよう。たとえば中学校1年生の理科では圧力について学ぶが、「圧力（Pa）＝N/m^2」という方程式（Fact / 事実）を暗記し、穴埋め問題を機械的に解くだけではエリクソンのいうところの低次の思考に過ぎない。圧力というものが、浮力や水圧・気圧に繋がると想像ができ、たとえば気圧計・血圧計のみならず、圧力鍋やロケットなどのさまざまなものにも応用できることが実感としてわかるというところまでくると高次の思考となっていく。

このように、事実レベル（低次の思考）と概念レベル（高次の思考）の双方を使って、思考の相乗作用を行うことによって、子どもたちは、総体としての知識（Knowledge）を深め、知力を発達させていく。

そもそも、学習の転移は、高次の思考である概念レベルで起きるものである。事実の積み重ねから人はパターンを見出し、新しい事実をその概念理解と結びつけて理解するようになる。理解の転移とは、私たちの日常の言葉でいうと応用である。つまり、バラバラと事実を記憶するだけでは、なかなか応用ができるようにならないのである。*64

繋がりの発見が学習に楽しさをもたらす

リン・エリクソンたちの理論のベースには米国の教育心理学者ブルーナーの研究がある。ブルーナーはヴィゴツキーの研究を再評価し、認知科学研究の構築に寄与した研究者であるが、彼は子どもたちの「楽しさ」に着目した。ブルーナーは、学習行為の目的は楽しさに基づいた適用性であるという[*65]。

読者は、以前には気がつかなかった事柄の間に繋がりを見つけ、興奮し、楽しい気持ちになった経験はないだろうか。たとえば、「圧力（Pa）＝N/m²」という方程式を使って、クラスメイトと一緒に水鉄砲を作り、これがロケットなどさまざまな先端技術開発に繋がるものだとわかったときはワクワクしないだろうか。古代文明がすべて河川の近くにあったという事実を学び、ディスカッションで文明には「天然資源」と「都市の成立」が関係するのではないかと思いついたとき、少し誇らしい気持ちになったりはしないだろうか。

第1章で紹介した、ハイ・テック・ハイのプロジェクト型学習でも、こうした概念を有効に扱っている。たとえば、小学校1年生の潮汐《ちようせき》を取り扱ったプロジェクトでは、月の満ち欠けを子どもたちは記録しながら、海岸に出かけ、それと海の満ち引きのパターンに関係性があることに自ら気がついていく。そして、潮の満ち引きにより、岩礁海岸では干潮時に岩のくぼみなどに海水がとりのこされ、潮溜まりができる。海辺の生物たちがその満ち引きを利用しながら食べ物を確保し、生殖している。子どもたちは、特定の潮溜まりの領域を決め、そこで生息する生物の数をデータとして記録し、その生物と潮溜まり、潮の満ち引き、月の満ち欠けとの関係を、近隣の水族館の職員に聞く。そこには発見する事実の繋がりと興奮や楽しさが存分に設計されている。

共に発見し、知的な喜びを感じられる仕組みづくり

概念は「共に（心に）見出す」という語源（Concipire/Concapere）をもつ。つまり、概念とは何かと何かの繋がりに関連する言葉であり、共に何かを見出していくことを支援するものである。よって、概念をベースとした探究はその学習過程のなかで、どれだけ子どもたちが共に発見し、知的な喜びを感じられるかが勝負となる。逆に、こうした活動や経験もなしに、月の満ち欠けのサイクルや潮汐の仕組み、海の生物の分類について暗記させられ、テストされたとしたら、苦痛ではないだろうか。

ハイ・テック・ハイの小学校低学年の児童たちは、言葉として意識はしていないかもしれないが、こうした一連の活動のなかで、万有引力の発見について感動し、慣性の観念と引力の作用の構造を身体で学んでいくのである。そして、その経験は中学・高校になってからの数学や生物、物理などの教科を学ぶ際に蘇ってくるはずである。

ブルーナーは、「特殊な項目や技能を、ある知識の領域のより包括的な基本構造のなかで、それらが占める文脈上の位置を明らかにしないで教えるのは（略）不経済である」と強い言葉で批判した。つまり文脈も構造もなく、バラバラとした知識を与え続けるのは不経済だとしたのである。「不経済」の理由は以下の通り。*66

1．生徒が今まで学習したものから、のちに学習するものへ通ずる一般化が非常に困難になる。
2．一般的原理を把握することができなかった学習は、知的興奮という報酬を得ることはほとんどない。
3．知識（リン・エリクソンのいう事実）を獲得しても、それを相互に結合するだけの十分な構造をもたなければ、その知識は忘れられがちになる。

学びの文脈や事実相互の関係性を教師側が理解し、カリキュラムのなかに組み入れ、楽しい瞬間をたくさんデザインできれば、よりよく学べる子どもは多いはずだとブルーナーはいっている。さらにいうと、暗記の得意な子ばかりを評価し、子どもたちのさまざまな資質・能力を見取ることもできないような学習は、不経済どころか非公正ですらあるだろう。

さらに、ブルーナーは「子どもが興奮を感ずるように刺激し、それと同時に正確に、また理解できたというやりがいを感じるように提示するためには、教師は深い理解と忍耐づよい誠実さをともに持つ必要がある」と指摘した。[*67] また、「分野の基本的構造を理解するには有能な学者や科学者の積極的参加が必要であり、経験のある教師、児童発達の研究家との協力が必要である」ともいっている。[*68] ブルーナーのいうように有能な学者・科学者には限らずとも、必要に応じて、社会でさまざまな意義のある活動をしている実践家や研究者たちと学校が繋がっていくことは探究の単元設計において必要不可欠だろう。

知識の構造

ただ、ここまでの説明では、まだ概念が何ものであり、どのように授業に繋げ、カリキュラムのなかで活用していいのかは不明瞭である。そこで、リン・エリクソンが示したのが次頁の「知識の構造（Structure of Knowledge）」だ。[*69] この図こそが、私が10年前に見て衝撃を受け、探究の世界に足を踏み入れるきっかけとなったものである。図の左側がリン・エリクソンの示した「知識の構造」で、右側に私のほうで説明を加えた。これから、この図を使いながら詳しく見ていく。

まず、先の説明で概念が大切なものである、ということまではわかった。では次に

知識の構造

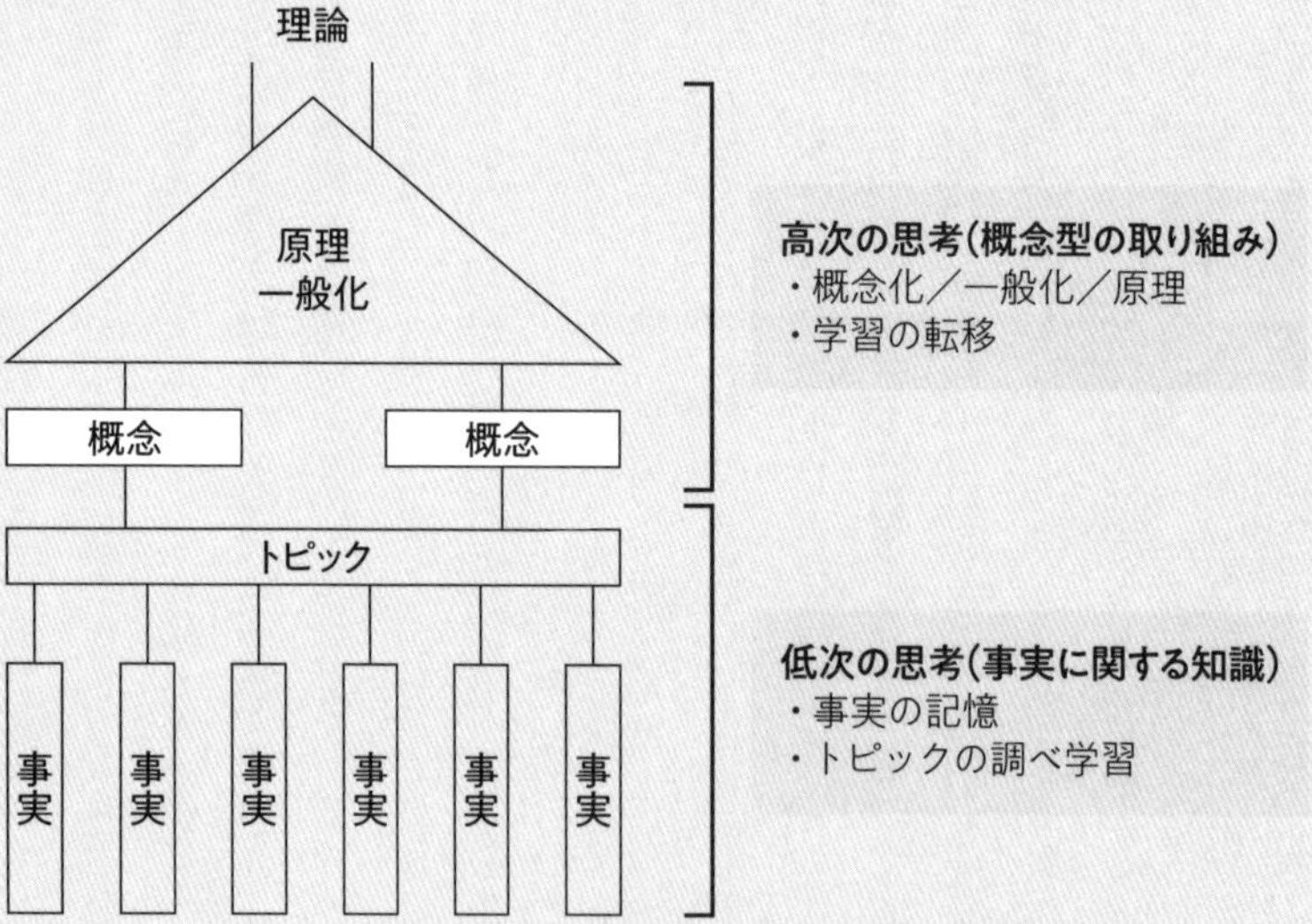

(Bray 2012 and Erickson 2007, 2008, and 2011に筆者補足)

この図を眺めながら、ポイントになるところから見ていきたい。結論からいうと、概念をベースとした探究学習の設計のポイントは低次の思考と高次の思考を確実に切り分けるとともに、概念とトピックをしっかり分けて考えることが非常に大事になってくる（一方で、のちに述べるように高次と低次の間はグラデーションの状態でもある）。低次の思考は浅い学び、高次の思考は深い学びと言い換えても構わない。では概念とトピックはどのように違うのだろうか。

次頁の表[*70]は、国際バカロレアの初等教育プログラムのワークショップ（2015年）に私が参加したときのワークに使われたものである。そのときは、図にある言葉をグループでディスカッションし、トピックと概念に分けることが求められた。「知識の構造」の図を意識しながら、図に示されている言葉をトピックと概念に分けることはできるだろうか。

比較的わかりやすいのは、園芸、奴隷制などではないだろうか。たぶん多くの人はトピックと捉え、これらを概念だという人は少ないだろう。ではチームスポーツや人体は？　システムやコミュニティ、抑圧はどうだろうか。これらはトピックと呼んでいいものだろうか。

そのときはグループでディスカッションをしたあとに、概念とは何かの定義を示された。リン・エリクソンは概念はトピックから引き出された思考の構築物（Mental

象徴主義	抑圧	人体	持続可能性
動詞の活用	シュールレアリズム	チームスポーツ	システム
コミュニティ	奴隷制	関係性	園芸

construct）であり、以下の3つの性質をもつとした。

1．時を超越している。
2．1、2語の単語か短いフレーズで表される。
3．普遍的かつ抽象的である。

私はこの3つを覚えられないため、ひとまとめとして便宜的に「時間と空間を超えるもの」かどうかで判断している（覚えられる人は当然3つで判断したほうがよい）。たとえば「奴隷制」は明らかに時間も空間も超えない。ある一時期に、ある特定の場所で起きた事象である。つまり「トピック」である。同じ理由で象徴主義、シュールレアリズムもトピックといっていいだろう。逆にシステムなどは現在もあれば、相当遠い未来にもある。それこそビッグバンの頃からシステムは存在していただろうし、どこかほかの星にもありそうだ。こうした言葉は非常に抽象度の高い概念ではないだろうか。

一方で動詞の活用などはそもそも言語が存在し、その後、動詞が出てこなければならない。時空を超えるという意味での概念の抽象度としてはシステムより低いことになる。コミュニティや人体も同じである。チームスポーツは、まずチームでスポーツするということが起きてこないと出てこない言葉であるので、トピックに近づいてくる。つまり、「この言葉は概念ですか、トピックですか」と言われた場合に、簡単に2つに分けられるものではない。抽象度が高いものから低いものへとグラデーションになっているのである。ちなみに、抽象度が低い、時空を超えないトピックは、そのままでは学習の転移が難しい。

たとえば、恐竜はある時代のある地域において栄えた生き物のため、トピックである。恐竜に関わる事実について、ティラノサウルスは中生代白亜紀末期の肉食恐竜であり、体長はこのくらいで、食べ物はこんなものを食べ、どのようにして絶滅したか……というような事実をまとめ上げる作業は、「調べ学習」といわれるものであり、残念ながら低次の思考の分類に入る。しかしここに絶滅という概念が入ってきたらどうだろうか。そうすると人の頭はぐるぐると回り始める。

絶滅はなぜ起きるのだろうか。絶滅によって何が起きるのだろうか。そう考えて少しネットを検索してみると、今の時代、絶滅危惧種が陸の動物を中心に急激に増加していることや、人間がもたらす影響などさまざまな情報が出てくる。絶滅が生物多様性に影響を与え、それが生態系を崩すことが問題であるなどとも書いてある。そうやって見ていくと、概念レベルに思考を高度化するだけで、学びがワクワクとしたものになっていかないだろうか。

ある教師は恐竜を調べているだけでもワクワクとしている子はいると反論するかも

しれない。しかし、そのケースでは、実はその子は恐竜だけではない上位概念を隠れてもっているケースが多いものである。そこには本人の意識とは無関係に、恐竜をさまざまな観点から分類することの楽しみや太古へのロマンが隠れていたりする。

概念をカリキュラムに活用することのメリットはほかにもある。単に「恐竜について調べて来週発表しましょう!」としてしまうと、恐竜に興味のない子にとって、その作業は苦痛なものになってしまう。しかし概念を活用すると、身近な動物にも絶滅の恐れがあるかもしれない、と気づく可能性がある。テレビでは絶滅危惧種のニュースが流れる。恐竜の課題をとっかかりとして、多面的に思考できるわけである。

概念はクラスの誰にとっても自分ごとの問題とし、一緒に考えていくことのできるブリッジのような役割を果たす。そしてこうした学習を続けることで、他人ごとだと思っていたこと、たとえば人権の問題や戦争・政治の問題を自分ごととして感じ取ることができるようになっていく。いわば、自分としっかり繋がりつつ、他者や世界と繋がる学習の転移が起きないような授業設計では不十分なのである。

2 概念をベースとした探究カリキュラムの作り方

実践——発明プロジェクト

ここでは、LCL本科のスタート前からこたえのない学校が小学校3〜5年生までを対象に実施していたプログラムを例に、リン・エリクソンの知識の構造と概念を使いながら、どのようにプロジェクトを組み立てたのかを説明する。具体的には、2015年と2018年に実施した2つの「発明」の単元を取り上げたい。2015年のときに最初に「発明」を扱ったときには、「商品・サービスを創ってみよう！」をテーマに、デザイン、発明、インターネットサービスという3つのプロダクトを扱うプログラム（合計9時間）のなかの3時間で実施した。2018年の2回めの実施のときには、AIを使った特許調査の活用が可能になったこともあって、9時間すべてを発明にあてた。参加者数はどちらも20名程度（2018年はプログラムの継続を希望する6年生も受け入れた）。

講師を担当した弁理士は、2015年と2018年で別の方だったが、どちらも日本弁理士会に所属し、公立小学校などでの発明授業の経験はあった。

まず、私たちは、講師が自分の取り組んでいる仕事において、どのように高次の思考をはたらかせているかについて、インタビューで探ることにした。ある分野の仕事において、その仕事を楽しみつつ成果を出している人は間違いなく、その仕事に対して高次の思考をはたらかせているからである。

たとえば、2015年のプログラムで講師を担当いただいた橋場満枝さんは、大学では人間工学の研究室で「ヴァイオリン演奏動作の3次元運動計測」について研究し、電気メーカーで「'85つくば万博ロボット」のシステム設計を担当していた。その後、弁理士に転向し、特許事務所経営を経て、当時は大学および小学校において知的財産教育の啓蒙にあたっていた。大学の授業では、「ハンディキャップのある人のための発明」というテーマで学生をパテントコンテストにチャレンジさせ、複数の入賞実績があった。橋場さんに経歴や仕事への想いをヒアリングしつつ、「あなたにとっての発明とは何ですか」「子どもたちに一番伝えたいメッセージは何ですか」と聞くと、以下の答えが返ってきた。

「不便を感じる気持ちを大事にすることが新しいアイディアを生み出す」[*71]

この一文は、リン・エリクソンのモデルであれば「原理・一般化」にあたり、国際バカロレアの初等教育プログラムであれば「セントラル・アイディア」という名前があてられる。私たちは、国際バカロレアと同じ表記を避けつつ、「原理・一般化」では子どもたちにも伝わりにくいことから「メイン・アイディア」という言葉を使った。

いずれにせよ、こうした講師へのヒアリングから、発明というトピックに基づく上位概念として「不便」と「アイディア」が決まり、さらに上位概念を中核概念として理解するための一般化となるメイン・アイディアが決まる。こうして高次の思考にあたる探究の単元の骨格がもうできてしまったことになる。

次に、トピックにあたる発明に関する事実を単元にあてていく。特許の申請をどのように行うかのプロセスや、弁理士の仕事の役割、特許の意味、特許申請における必要事項（「発明の名前」「解決した不便」「解決方法（工夫したところ）」「図面」）、過去の発明事例を、この単元でカバーする事実（Fact）と設定した。そして、さきほどのリン・エリクソンの知識の構造に、概念、トピック、事実をあてていき、中核となる概念理解の目標として、橋場さんの「不便を感じる気持ちを大事にすることが新しいアイディアを生み出す」を設計図に入れる。

その上で、単元の全体の流れを以下のように整えていく。

1. 発明の生まれる仕組み。
2. 何とかならないかという気持ちの大切さ。
3. 身近な生活の不便から発明を考える。

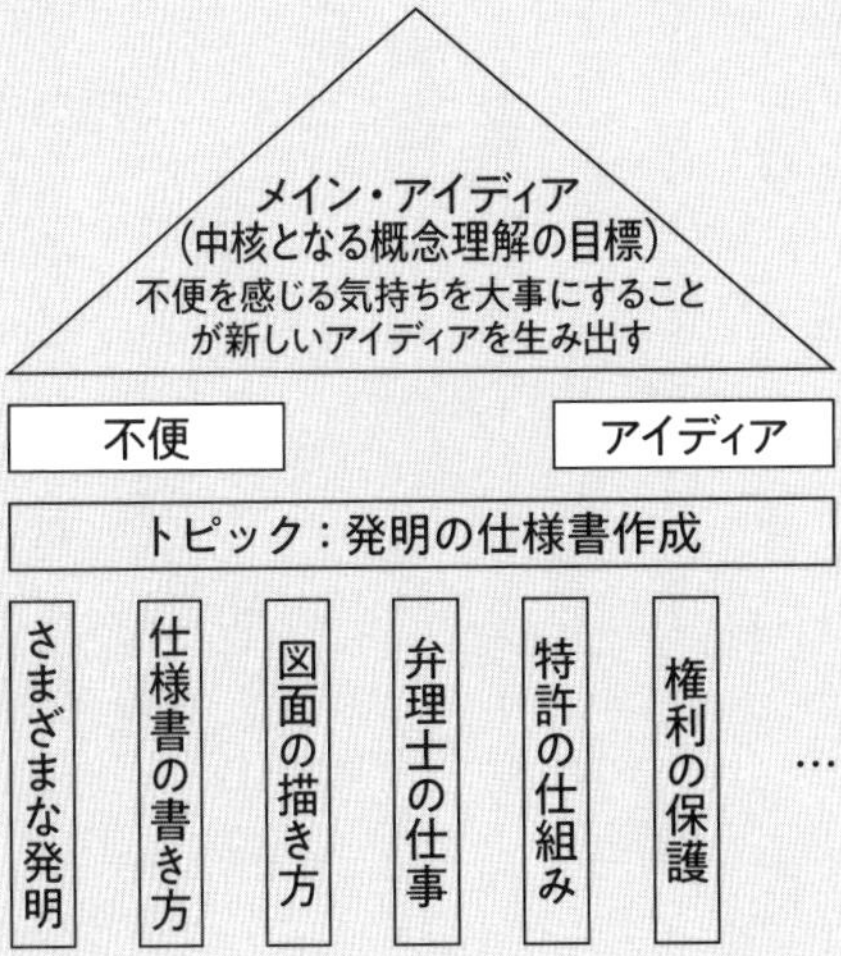
メイン・アイディア
(中核となる概念理解の目標)
不便を感じる気持ちを大事にすること
が新しいアイディアを生み出す
不便
アイディア
トピック：発明の仕様書作成
さまざまな発明
仕様書の書き方
図面の描き方
弁理士の仕事
特許の仕組み
権利の保護
…

不便をテーマとした知識の共有

こうした設計の上で、実際の授業に入る。冒頭では、子どもたちの初期的な知識を確認する（7章の評価の項で触れるが、子どもたちの初期状態を確認することは探究学習においては極めて重要である）。つまり、子どもたちが発明についてどのくらいの知識をもち、概念理解をしているかを確認する。そうすると以下のような答えが返ってきた。

「今までになかったもの」「今まであるものを進化させる」「もっと便利にするもの」「不便を便利に変えること？」

次に「どんなものが具体的な発明なんだろう」と問いかけてみた。

「車。エンジン」「火から電気に変わったところ」「蜂蜜の瓶からスクイズボトル（ボトルを握り、内容物を押し出すもの）になったところ」「ｉＰｈｏｎｅ。ボタンではなくて、画面上でタッチで動かすことができるようになった」「指紋が暗証番号」「ＰＣが小さくなって進化してる」「でもさ、ＴＶは大きくなっているよ」「ということは、（それぞれのものは）一番使いやすい大きさになっているということだよ！」「消しゴムからペン型の消しゴム」「３Ｄ・４Ｄの映画もそうかな」

ここで、発明について考えることは一旦休止して、みんなが夢中になれるアクティビティを入れた。限られた時間で紙とテープだけでどれだけ高いものを作れるかチームで競うペーパータワー作りだ。手を動かしながら工夫を学ぶための発明授業の定番だが、チームビルディングのためにも有効と考え、取り入れた。このプログラムではじめて会う子たちも多いのであるが、こうした夢中になれる活動を取り入れると、あっという間に仲良くなり、コミュニケーションが活発化する。

そこからは、メイン・アイディアである「不便を感じる気持ちを大事にすることが新しいアイディアを生み出す」を導くために、不便をテーマとした知識の共有を行うこととした。震災時の体育館でのプライバシーを守るために、建築家の坂《ばん》茂さんが考えた段ボールパイプを組み合わせて布をかけるだけで個室が作れる「避難所用簡易間仕切システム」を紹介し、不便と発明の繋がりを考える。また、超立体マスク、ハリナックスという針を使わないホチキス、好きな文字を入れたスタンプを作れるXスタンプなどの身近な発明商品を実際に手に取りながら、それらのどこに不便があったのかをグループで話し合うワークを入れた。

その上で、あらためて生活にある身近な不便について聞いてみる。

「自転車を持って電車に乗れたら!」「お風呂が沸いたときに中の水はまだ冷たいよ」「ファスナーに布がはさまって開かなくなってしまうのが嫌だな」「ペットボトルを開けるのは、結構力がいるよね」

このようにして、お風呂のお湯を混ぜる「温かくなる自動プロペラ」、自転車を駅の駐輪場に停めるときに行き先を登録すると電車の後ろにくっついたローラーで運ばれて、行き先で自転車を受け取れる「自転車ラクラクEXPRESS」、手を触れず簡単に開けることができる「ペットボトルオープナー」などのアイディアが生まれた。プログラムから生まれたアイディアは、弁理士チームのサポートによって特許申請に進む可能性が出てくる。竿が回転し、洗濯物が早く乾く「物干し装置」（2017‐185060号、2017年10月12日公開）、ハサミのような構造をもち、骨だけを簡単に取り外せる「魚の骨の分離補助具」（2017‐184646号、2017年10月12日公開）が実際に申請された。

メイン・アイディアの決定

2018年、2回めに実施したときには9時間すべてを発明の単元にあてた。このときの講師は播磨里江子さん。ミュージカルが大好きで、発明者にはストーリーがあるので、その話を聞くことが大好きだという。ストーリーを俯瞰《ふかん》して、客観的な視点から、課題がどこにあって、その発明がなぜ世界にとって必要なのかという内容にまとめていくことが仕事の醍醐味だと伝えてくれた。そうした播磨さんにとっての発明とは何かを聞き取っていくと、以下のようにメイン・アイディア（中核となる概念理解の目標）が定まってきた。

「『発明』はそれぞれの『工夫』でまだ存在しない『はじめて』を創り出すことである」

弁理士という同じ職業であったとしても、橋場さんと播磨さんは異なった中核概念を使って発明を捉えているのが面白い。つまり答えは一つではないのである。橋場さんは不便とアイディアについて語り、播磨さんは工夫とはじめてについて述べた。そうして、播磨さんの話から組み立てたのが、次頁の知識の構造である。

このときのプログラムの流れは以下である。

1. 発明のタネを探そう！——発明の生まれる仕組み（3時間）
2. 発明のタネを育てよう！——発明（特許）の条件（3時間）
3. 発明をよりよく伸ばしていこう！——発明案の改善（3時間）

1、2、3の間にも、個別でアイディアを膨らませたり、振り返ったりする時間がある。また特許申請に進む子どもは、このプログラム終了後に取り組むが、それは上記の9時間には含まれない。

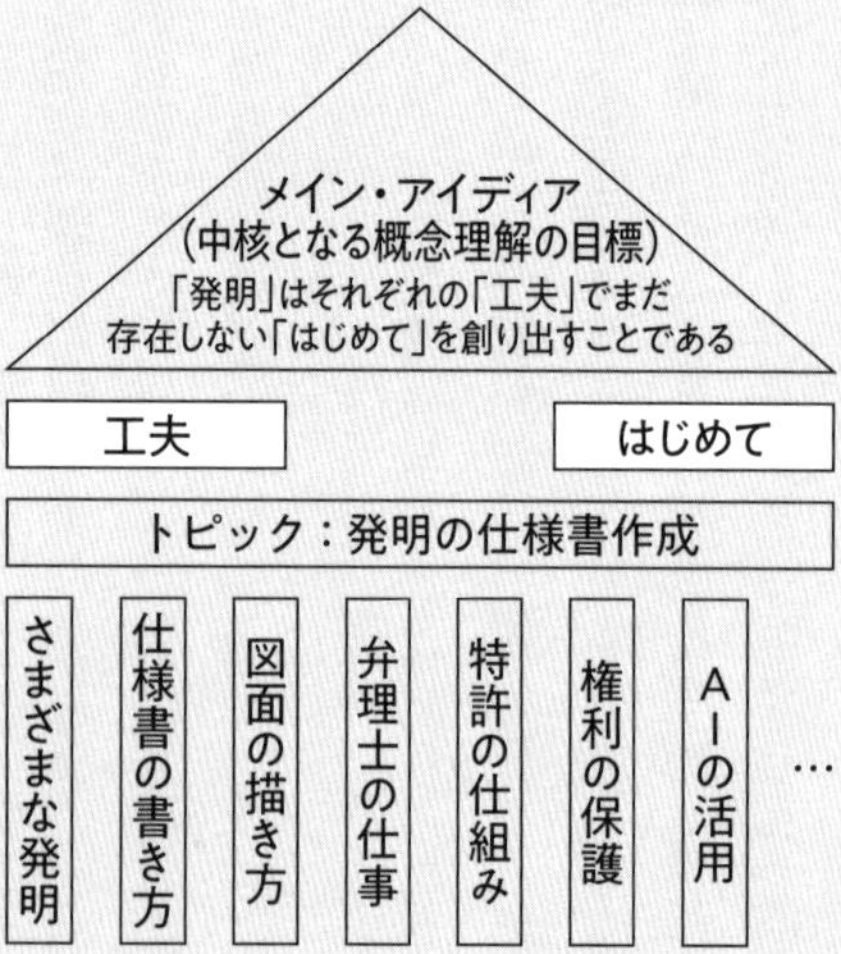
メイン・アイディア
（中核となる概念理解の目標）
「発明」はそれぞれの「工夫」でまだ
存在しない「はじめて」を創り出すことである
工夫
はじめて
トピック：発明の仕様書作成
さまざまな発明
仕様書の書き方
図面の描き方
弁理士の仕事
特許の仕組み
権利の保護
AIの活用
…

AI評価から改良のヒントを得る

1の「発明のタネを探そう！」では、2015年実施時と同じように、発明に関する初期知識の確認や、講師の仕事紹介、ペーパータワー作りを実施した。しかし、発明製品を確認するところでは、不便よりも、播磨さんのメイン・アイディアである「工夫」により焦点を当てることとした。一方で、発明の生まれる仕組みはやはり不便を感じるところにあるだろうと播磨さんもおっしゃり、子どもたちは4、5人のグループを組んで、学校にある不便を探索することになった。「家やほかのところにある不便でもいいよ」と付け加えておく。そうするとたくさんの不便を子どもたちは見つけてきた。

「道具箱の整理がしにくい」「階段でぶつかる」「トイレのドアがない」「廊下のフックがかけにくい」「排水溝が臭い」

2「発明のタネを育てよう！」では、前回拡散的に出されたアイディアから、各チームが1、2案まで絞っていった。このときには特許取得に向けての3つの条件が示され、実際に使われている仕様書に準じたフォーマットが渡される。子どもたちは、まずは特許仕様書をチームで書く、というところまでを行った。

特許の3条件
1. 特許が新しいこと（新規性）
2. 発明が簡単に思いつかないこと（進歩性）
3. 具体的に作ることができること（実現可能性）

仕様書のアイテム
1. 発明の名前
2. 解決したい困りごと
3. 解決のアイディア
4. 発明があったらこんないいことがある
5. 図案

こうして子どもたちから提案された仕様書は、えんぴつプロテクター、消しやすいホワイトボード、水栓キャップ、回転防音テープなどのアイテムだった。えんぴつプロテクターは鉛筆を落としたときに芯が折れてしまうことを不便に感じた子が、鉛筆が落ちにくいようにクリップをつけ、さらに鉛筆のお尻におもりをつけて、反対側から落ちるようにするアイディアだった。消しやすいホワイトボードは、黒板の文字を消すにあたって「消すのが大変」「消すと跡が残る」「高いところに手が届かない」などの困りごとがあるという話となり、ボードの横の長さと同じ、細長い黒板消しをつけてスライダーで左から右へ一挙に消せるというものを考えた。

そして、播磨さんの所属する会社が開発するAI Samuraiという、人工知能で特許調査のサポートを行うウェブアプリケーションを使って、子どもたちが生み出した発明評価を客観的に行う取り組みをした。子どもたちの発明はA～Dで評価される。AIは無情にも先行する従来技術を提示してくる。AIのフィードバックでAをもらってガッツポーズでハイタッチのチームもあれば、Cをもらって涙を浮かべる子も。はじめて真剣に取り組んだ発明だ。がっかりして当然である。

えんぴつプロテクターも消しやすいホワイトボードも、AIの出した評価はCだった。たとえば、消しやすいホワイトボードであれば、「ホワイトボードイレイサー（特開平8−238895）」というものがあり、モーターで回転するブラシが内蔵された黒板消しが存在していた。だからといってその発明がダメというわけではない。従来技術との相違点や一致点を確認しながら、チームでさらに議論を深めていくのである。

実は私たちも事前に、AIの厳しい評価を子どもたちが受け取ったときに気落ちしないかと話し合っていた。しかし、結果は杞憂だった。子どもたちは、一瞬上記のような反応を見せたが、播磨さんの説明を受けて、何をすればいいのかが明確になるにつれて、その評価を冷静に受け止めて、どうすればよい評価になるだろうと、意欲を燃やし始めたのである。ＡＩが出した発明の構成要素と従来技術を比較したマトリクス表を見ながら、子どもたちは播磨さんのガイドにより、従来技術文献に記載がないと表示された発明ポイントを深めていった。

上述のえんぴつプロテクターのアイディアは、ブラッシュアップされた上で特許出願がされた（２０２０‐１４６８６９号、２０２０年9月17日）。播磨さんは、ＡＩの評価はＣだったが、専門家の目から見て実現可能性を考えた場合に、非常に有効な案だという印象を受けたという。

そして、このときは出願にとどまることなく、さらに審査請求に進み、拒絶理由通知対応、審査官面接を経て、特許取得まで経験した子も出てきた。

水栓キャップ「Not Wet!」（特許第６７５３９７４号、２０２０年8月24日登録）がその発明である。この発明は、弟が公園の水飲み場で水を飲もうとしたときに、ちょっとひねっただけで勢いよく水が飛び出し洋服がびしゃびしゃになってしまうので、水が出てくる穴を少し大きくできたらお母さんが公園に行くときに換えの洋服を持たずにすむのではないか、というアイディアから生まれた。

この提案については、ＡＩは評価Ａを出していた。流水調整具（特開示２０１３‐２１７０７４）という従来技術は存在したが、縦型水栓に対してのものではなかったのと、

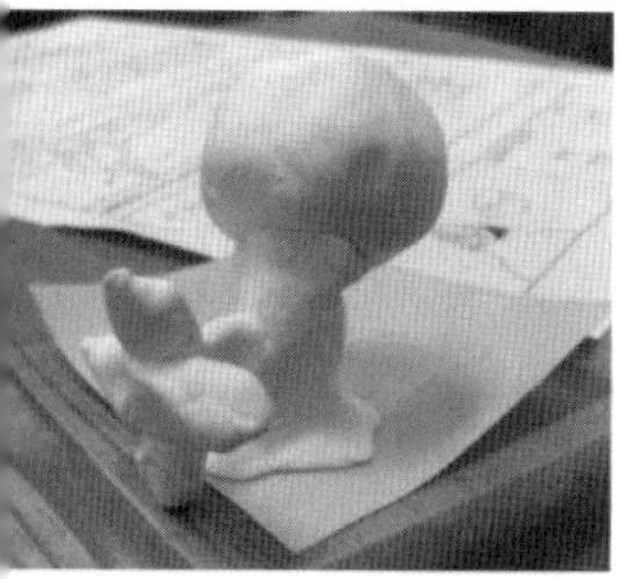

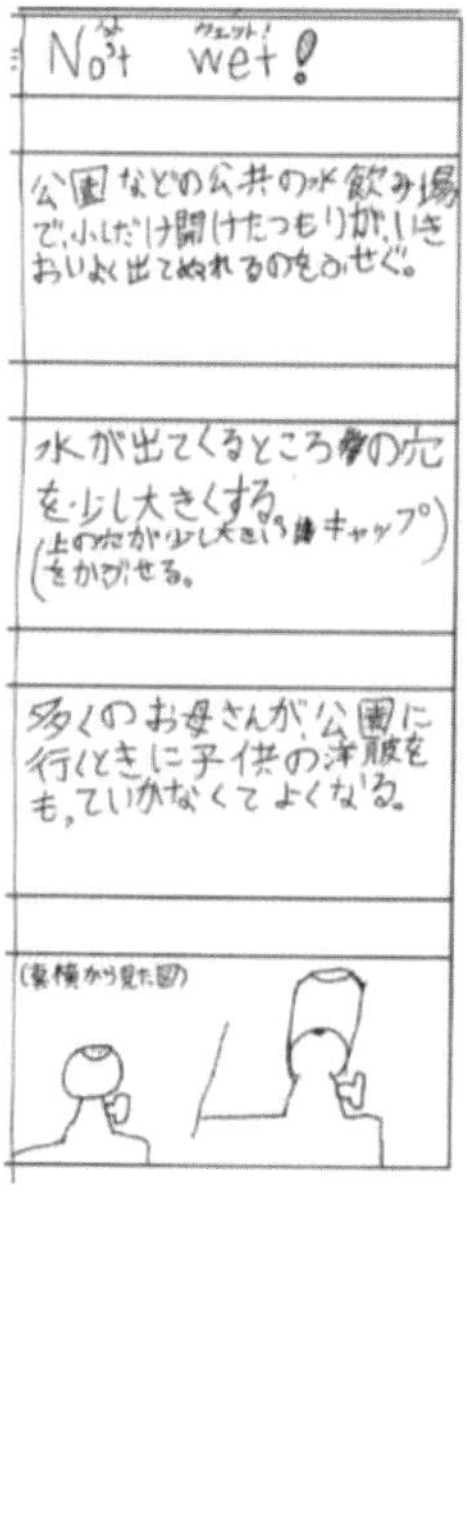
Not wet!

公園などの公共の水飲み場で、少しだけ開けたつもりが、いきおいよく出てぬれるのをふせぐ。

水が出てくるところの穴を少し大きくする。

(上の穴が少し大きいキャップをかぶせる。)

多くのお母さんが、公園に行くときに子供の洋服をもっていかなくてよくなる。

(真横から見た図)


【図２】

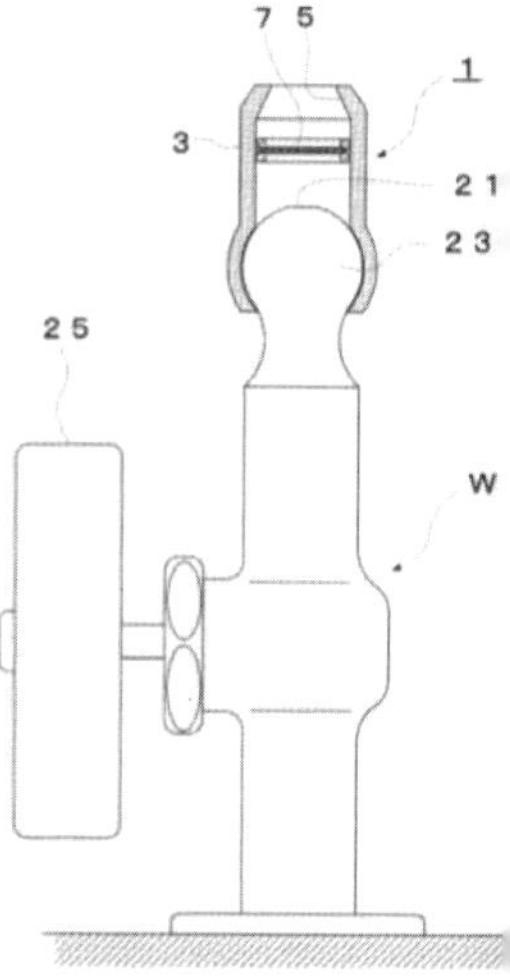
7
5
1
3
21
23
25
W

水栓そのものに改変を加えるのではなく、上に別のキャップをつけるというアイディアが画期的だった。この特許を出願した子は「評価書を見て、改善点があることがわかり、特にサイズの改善が必要かな、と思いました。プラスチックだと蛇口の大きさや型に合わない場合があるので。シリコンは前にチョコレートの型作りで伸縮することは知っていたので、伸び縮みするシリコンで作れたらいいと思います。あと洗いやすいように分解できるといいと思う。シリコンは分解できないので……」とのちに播磨さんに語っている。[*72]

この発明の単元は「工夫」をすることで「はじめて」をつくり出すことが目標である。発明仕様書の作成にとどまっていたら、その経験の転用はなかなか難しい。しかし、工夫を積み重ねて「はじめて」をつくり出すことは、スポーツでも作文でも何でも転用が可能であり、そうした力が一度つくことで、その子の生涯にわたっての力に繋がっていく。それがほかならない「探究する学び」である。

子どもたちによるジョン・ケージ「4分33秒」の演奏

私たちは、こうした小学生向けのプログラムを、東京都目黒区の教育委員会が委託する運営団体と連携して実施した子ども教室事業などでの実績も含めると、30以上作成してきた。

たとえば、2017年に声楽家の中村香織さん[*73]に講師になっていただいた音楽の単元のメイン・アイディアは、「無限の選択肢から意志をもって紡いだ音から音楽は生まれる」だった。時代や様式、国や言語の壁を飛び越えて音楽を捉える活動をされてきた中村さんと考えたプログラムは、いきなり米国の前衛音楽家ジョン・ケージ（1912―1992）の「4分33秒」を演奏してもらおうというもの。当日、三味線やギター、ヴァイオリン、ハモニカなどの楽器を家から勇んで持ってきた子どもたちに配られた楽譜には音符がない。キョトンとしながらも、演奏が始まり、まったく音が出ない4分33秒が過ぎ、静けさのうちに楽曲は終了した。

そこで、どんな音が聴こえたかと子どもたちに聞いてみた。

「校庭で遊ぶ声」「みんなの息を吐く音」「楽譜をめくるカサコソした音」「いつもは気にしない音が聞こえた、眠る前の時計の音のように」「360度から音が聞こえた」「今までより音が感動的に聞こえた」

これには中村さんもびっくりした。なぜなら、子どもたちが言ってくれたことこそが、ジョン・ケージが意図していたものだったからである。

「私は全部の音を書きました。その周りで起きる音も音楽なのです」

次に子どもたちはキャシー・バーベリアン（1925―83）の『ストリプソディ』の楽譜を見せられた。この楽譜は五線譜ではなく3本の線しか描かれていない。音符の代わりに絵が描いてあり、とても楽譜とは思えないようなものである。しかし、こうした楽譜を見ることで、子どもたちは、そもそもなぜ楽譜が五線譜でなければならないのか、オタマジャクシでなければならないのかということを考えることとなる。そしてこの曲については中村さんご自身が演奏してくれたが、ミャウミャウという猫の高い鳴き声から始まった。

子どもたちの感性のやわらかさ

そののちに、「水」をテーマにした楽曲について、ヘンデル（1685–1759）やテレマン（1681–1767）などのバロック時代の作曲家からドビュッシー（1862–1918）やラヴェル（1875–1937）、ジョン・ケージの作品までを、みんなでYouTubeを見ながら聞いていった。最後に子どもたちに渡されたのは真っ白な紙。中村さんは、ここに「緑」をテーマにした楽曲を表現して、チームで演奏してほしい、と伝える。子どもたちは持ってきた楽器を使ってもいいし、椅子でも布でもその辺にあるものを何でも使って構わない。

「そもそも緑ってどんなイメージ？　絵でも言葉でもいいから、表してみて」「新緑がきれいな今の季節は自然をイメージするかな？」「森とか鳥とか風とか、あるいはメロンや虫、色で緑という色は？」などと、イメージを膨らませていく。中村さんはさらに問いを重ねる。「どういうストーリーが考えられる?」「どんな流れが出てくる?」「どんな音にしたい?」「それを表すとしたら、どんな楽器?」

子どもたちは、カサコソという葉っぱの音は扇子の音に似ているね、楽器だけでなくビニール袋をパンとする音やマッキーのキャップをパチンとする音も使えないかな、とアイディアをどんどん出していく。1班は、三味線、ハモニカ、太鼓などを使い、途中で足でビニール袋をつぶし、大きな音を響かせた。そして最後はカチカチという静かな音で穏やかに終わった。一度うるさくにぎやかにしたあと、最後は自然の穏やかで静かなチョウなどの生き物の営みを表したかったとのことで、強く吹いたり、弱く吹いたり、みんなで合わせる部分を工夫したという。

2班は、マラカス、ハモニカ、ヴァイオリンだけでなく、人形についている鈴や紙を使ってカサカサいう音を表現した。マラカスを穏やかに鳴らすこと、ハモニカで低い音を出すことなどを工夫したという。楽曲のタイトルは「はっぱ君の散歩」だったが、題名にも納得の演奏だった。

3班は、リズミカルな鉄琴や木琴のトントンというアクセントやポクポクした音。そこに椅子のガタガタした音を加えた。イメージは静かな音を重ねて静けさから朝の元気な森になる変化を示したという。きこりが木を切っているイメージで椅子をガタガタさせたが、虫の鳴き声なども感じられるように小川の音は大きくしすぎず、風が時々強く吹いたりする感じも表した。

このときも、「無限の選択肢から意志をもって紡いだ音から音楽は生まれる」というメイン・アイディアに浸りながら、子どもたちがその概念理解を深めていくようにプログラムを設計していった。音楽の演奏をすることが目的ではない。求められているのは「無限の選択肢」を感じ取りながら「意志をもって何かを紡ぐ」ことである。そして、こうしたプログラムは講師の経験とアイディアがなくては決して成立しない。

中村さんはこの音楽のプログラムを振り返って、このように言ってくださった。

「子どもの感性のやわらかさに喜びと感動を覚えました。加えて、現在巷にある子ども向けの音楽とこの授業で生まれた作品の違いに愕然としました。それほどに芸術的な素晴らしい音楽の瞬間がたくさんあったのです。ということは、大人が子ども向けにとフィルターにかけていることがいかに多いか大人が認識する必要があるということですね」

社会と繋がることで質が上がる

医療、量子論、ＡＩ、ビジネス、デザイン、演劇など、さまざまなテーマでプログラムを実施してきたが、プログラムのつくり手は講師と協同で、子どもたちの発達段階や興味・関心に応じた概念レンズやアクティビティを設定し、プログラムとしての問いや時間のデザイン、評価設計をしていく。こうしたプログラムの生成過程は講師にとっても私たち設計者にとっても大変だが、非常に楽しいものでもあった。私たちはプログラムの制作過程で、量子論のことを知るし、しかも専門家からその話を直接聞ける。子どもたちが演奏するジョン・ケージなど、望んだところでなかなか聴けるものではない。光が波の性質をもつという実験で、暗い部屋の天井に映し出された光の紋様を見て歓声を上げる子どもたちを見るような経験ができるのも、探究学習を設計した者の役得である。

現行学習指導要領で「社会に開かれた教育課程」が求められているが、ブルーナーも指摘しているように、社会と繋がることによって、プログラムの質は圧倒的に上がる。同時に講師たちはほぼ全員、子どもたちのクリエイティビティとアウトプットの質に驚いていた。複数回プログラムを担当してくださったＡＩ研究者の松田雄馬さんは、「小学生は、言葉や表現さえ噛み砕けば、大人と同じ内容を理解できるだけでなく、一度理解してしまえば、大人顔負けのディスカッションを自分たちで始めるというのは、研究者としての私の世界観を大きく広げました」とご自身の著書『未来の教育設計図』で書いてくださっている。子どもたちは、高次の思考においては大人に遜色のない力を見せるばかりか、むしろ既成概念をもたないだけに、驚くような結果を出すことがあるのである。

子どもたちの方を向いている人を講師に

なお、ここに紹介した講師たちは、私が何かしらの特別なコネクションをもってい て招聘したと思われるかもしれないが、そうではない。こたえのない学校のメンバー たちが、この人は子どもが好きだし、一緒にやったら楽しいのではないかと声をかけ た人たちだった。もちろんこうして来てくださった人たちのなかには、メディアで取 り上げられるような人たちもいる。しかし、私たちが求めていたのは、何よりも楽し く授業を一緒につくれて、子どもたちに自らの仕事の内容を伝えることに喜びを見出 してくれる人たちだった。巷のプログラムでは、有名人を引っぱってきて講師にする ケースもある。しかし、そうした人たちが子どもたちに真剣に向き合ってくれるとは 限らない。逆に、自分の仕事を心から楽しんでいる大人は身近にもたくさんいる。常 に子どもたちの方を向いていることが何より大事である。

さらに、強調しておきたいのは、ここに集まった子どもたちはテストなどで選抜さ れた子どもたちではないということだ。しかも3年生から5年生（6年生）までの異 学年混合である。先述した通り、学校では刺激が足りないと感じる子どもたちもいる 一方で、やんちゃで学校に居づらいというような子もいた。出てくるアイディアも突 拍子もないものもあるし、特にプログラムの前半はふざけてしまっているような子もいる。集中力が続かなくて、床をごろごろしている子もいた。

しかし、子どもたちみんなのアイディアや発言をジャッジせずに受け止めると、そのうち必ずこちらの受け止めになんらかのかたちで応えるようになってくる。字を書くのがおぼつかない子が、絵を描いたり、発表のときに大きな声を出したり、ムードメーカーになることがしばしばある。逆にとてもおとなしい子がきちんと記録をとって、議論のファシリテーションをしていることがある。子どもたちは下手に統制などしなければ、大人が思う以上の行動をするものなのである。

6

課題解決による探究のデザイン

集団が連帯感をもって結ばれるために、絶対に必要なひとつの条件は、共通の達成課題をもつことである。[*74]

川喜田二郎（文化人類学者）

1 デザイン思考でアイディアを発見する

「解決したい課題」からの設計

協働する探究を貫く3つの軸のうち、第4章では「本質的な問い」の軸設定、第5

章では「中核となる概念理解」について説明を試みた。しかし、「問い」や「概念」からの設計は、それこそ抽象的であり、具体的な授業設計、もしくはプロジェクトのイメージがつかみにくいという指摘をしばしば受ける。そこで、本章では3つめの軸となる「解決したい課題」からの設計を含め、やぎ、リンゴや遠足、修学旅行、運動会、学校改革などの具体からカリキュラムを構想する方法について紹介する。LCL本科でも人気のあるやり方で、アイディアも出やすい。

一方で、「解決したい課題」は、ほかの2つの軸「本質的な問い」「中核となる概念理解」とは少し毛色が違うものであることに注意が必要である。

一つ間違えてしまうと、具体から構想する単元はある特定の場所や時間の制約を受けるトピックベースであることから、エリクソンのいうところの高次の思考がはたらかず、学習の転移が起こらない活動に陥ることがある。先に理解したリンゴの単元がまさにそうであり、「問い」も「コンセプト」も不在の学習はまさに「這い回る経験」を引き起こしてしまう。よって、具体から構想する探究は、背後に必ず抽象の設計をもたなければならない。まさに事実レベルと概念レベルにおける思考の相乗作用が起こるように、経験の総体をデザインするよう気をつけなければならない。

ところで、課題や具体などのトピックから単元を構想するにあたって、授業イメージが湧かないと悩み、先行事例や特定のモデルやフォーマットを探し始める教師たちがいる。授業の手引きとなる指導書に代わるようなものやお手本を求めるのである。しかし、お手本や指導書は教授型授業にはフィットするかもしれないが、探究には適さないことが多い。

お手本や指導書を手に入れると、手っ取り早く授業を構成できるように見える。しかしそれは、結果的に遠回りとなる。なぜなら、手本を真似るという行為の際に教師がはたらかせている思考がほかでもない低次の思考だからである。イエナプランでも、既存のフォーマットを安易に使うことについては、注意を強く促し、戒めているのは、そうした背景があるからである。

しかし、お手本がいけないのではない。歴史的にも、芸術家はその時代の表現方法を吸収しながら、その背景にある概念や意味を受け取り、自分だけのスタイルを確立していった。同じように授業制作者も、もしお手本を使うのであれば、その背景(構造)を理解し、それを超えることを意識しなければならないのである。

アイディアが出ない!?——何もないところから発想する方法

一つのスタートのきっかけとして、米国のデザインファームであるＩＤＥＯによって提唱されたデザイン思考を使った授業開発について紹介する。ＬＣＬ本科では、デザイン思考の一つとして、ミネソタ大学のデザイン学科、ブラッド・ホーカンソン教授の提唱する創発的問題解決におけるアイディア創出の方法を採用している。ハイ・テック・ハイの研修でも取り入れられていることから、２０１９年からＬＣＬの初動のプロジェクトアイディアづくりにも採用している。

デザイン思考はもともとプロダクト開発から始まったが、２０００年代に入ってからビジネス創出の方法として多くの企業に取り入れられてきた。教育の世界では、２００３年にスタンフォード大学にｄスクール、日本にも２００９年にi.Schoolが東京大学でイノベーション教育プログラムとしてスタートしている。デザイン思考のスパイラルは以下の通り、「共感・理解」→「問題の定義」→「アイディア創出」→「プロトタイプ」→「テスト」というプロセスを経るものとなっている。

ＩＤＥＯのデザイン思考は、社会課題を解決するため、人間中心のクリエイティブな問題解決アプローチを提案する。[*75] 新しいプロダクトやサービスを生み出すにあたって、課題を絞り、問題を定義する過程において、その対象をよく観察し、自分ごととして考え（共感）、ヒアリングなどを通じて徹底的にその分野をリサーチして、よい仮説を立てていく。今回紹介する創発的問題解決におけるアイディア創発は、クライアントが明確でなく、プロダクトイメージや問題の定義ができていなくても、大きな枠組みで自由に考えられるものである。拡散的思考（Divergent Thinking）と収束的思考（Convergent Thinking）双方を扱うことで、当初思ってもみなかったようなクリエイティブで

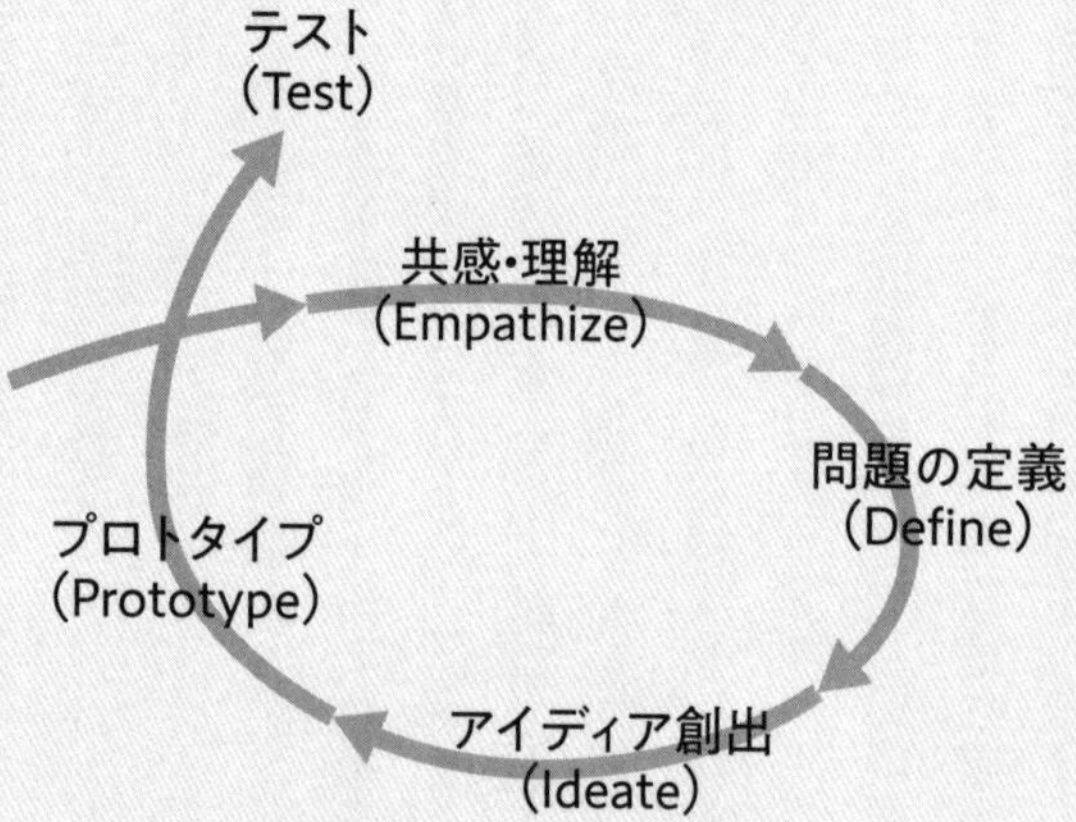
テスト
（Test）
共感・理解
（Empathize）
問題の定義
（Define）
アイディア創出
（Ideate）
プロトタイプ
（Prototype）

デザイン思考（IDEO）

ワクワクするようなアイディアが出てくる。具体的なワークを以下に示す。なお、このワークをするときには、全員が参加し、人の発言はジャッジしないこと、また可能な限り人のアイディアに「いいね！」と乗っかることが奨励される。とにかく楽しむことが大切だ。

・準備

模造紙（グループに1枚）、付箋、マーカー

4、5名のグループをつくる（219頁の項目「チームの多様性」を参照）

・ワーク

1．教育、学校など大きなテーマを決め、グループでブレインストーミングをして、やってみたいテーマを50個考える。そのとき時間やお金やリソースのことは考えない。（10分）

2．出てきたアイディアを2つに分ける。（5分）

a．少し準備することで快適に始められ、簡単に達成できる「安全パイ」。

b．もし1億円あったならなどの前人未踏の壮大で感動的な「ムーンショット」。

3．ムーンショットを模造紙に残し、安全パイの付箋は横に置く（捨てない）。

4. グループで話し合ってムーンショットのなかから一つアイディアを選ぶ。
5. 4で選んだアイディアにマッチする安全パイを組み合わせる。
6. チームアイディア完成！

こうやって出てくるアイディアは本当に面白いものが多い。たとえば2022年度のLCL本科では、「発酵万博」「大人の文化祭」「Zine」「リアル桃鉄」「無人島に滞在したい」「言葉を使わないしあわせ」「新しい学びの場・学校」などさまざまなアイディアが1時間足らずの間に出た。このようなアイディアは真面目に考えても絶対に出てこない。考え込まずに短い時間でどんどんアイディアを出し、馬鹿げたアイディアも奨励され、ジャッジされないことが発想を促す。また、「ムーンショット」のような予算やルールを考慮に入れない前人未踏の感動的なアイディアを要求する拡散的思考がまず採用され、その上で現実的な解決策を示す収束的思考を加味するため、実現可能性がありつつも、想定内の面白味のないアウトプットにならずにすむ。

こうして出てきたアイディアを、プロジェクトの要素を一緒に書き込める左頁のパターン[*76]にチームで書き込んでいく。このパターンはハイ・テック・ハイで使用するものだが、こうしたフレームを使うことで、複数の教師が和気藹々《あいあい》とディスカッションしながら、実際の授業や特別活動、学級経営、学校経営に活用できるようなプロジェ

プロジェクト・ディスカッションパターン

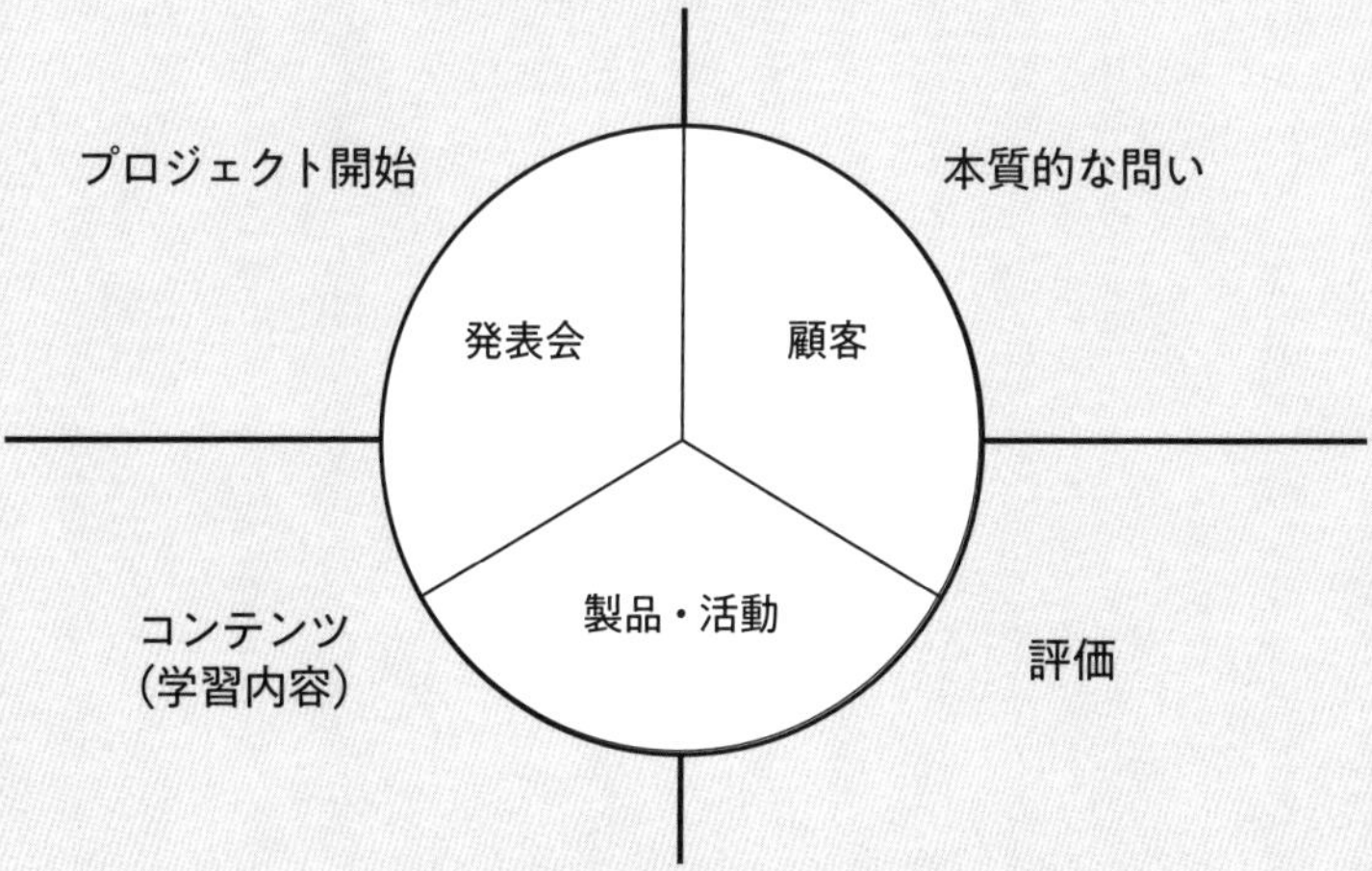

クトや単元を考えていくことができる。

中核となる概念、協働で向かう問いが見つからない

実際に2022年のプログラムで出てきたアイディアの一つを例にとって、もう少し説明を進めたい。「発酵万博」の開催を考えたAチームの構成員は、滋賀県公立小学校教師、神奈川県公立中学校教師、東京都公立小学校教師、千葉県市区町村議員の4名である。

このチームは、海外の子どもたちも含めたオーディエンスを想定し、「発酵万博」をテーマにオンラインで行うものを最終発表案と考えた。TikTokを使うアイディアも出ていた。コンテンツはみりん、味噌、麴などの発酵食品。左頁はアイディア出しの当日のもので、まだまだアイディアが散乱しているが、これで一向に構わない。まだ「本質的な問い」と「評価」はブランクだが、それでもOKである。初日は、楽しい気持ちでみながワクワクとして、話が弾むことのほうがよほど大事である。

そして、この初動のプロジェクトアイディアを考えたのち、1カ月後に設定された中間発表において、チームは、問いの設定に苦戦している様子を報告した。メンバーもそれぞれ仕事があり忙しいし、日本中に散らばっているため、オンラインミーティングで真ん中に焚き火の画面を置いて、実際に集まっていることをイメージしながら

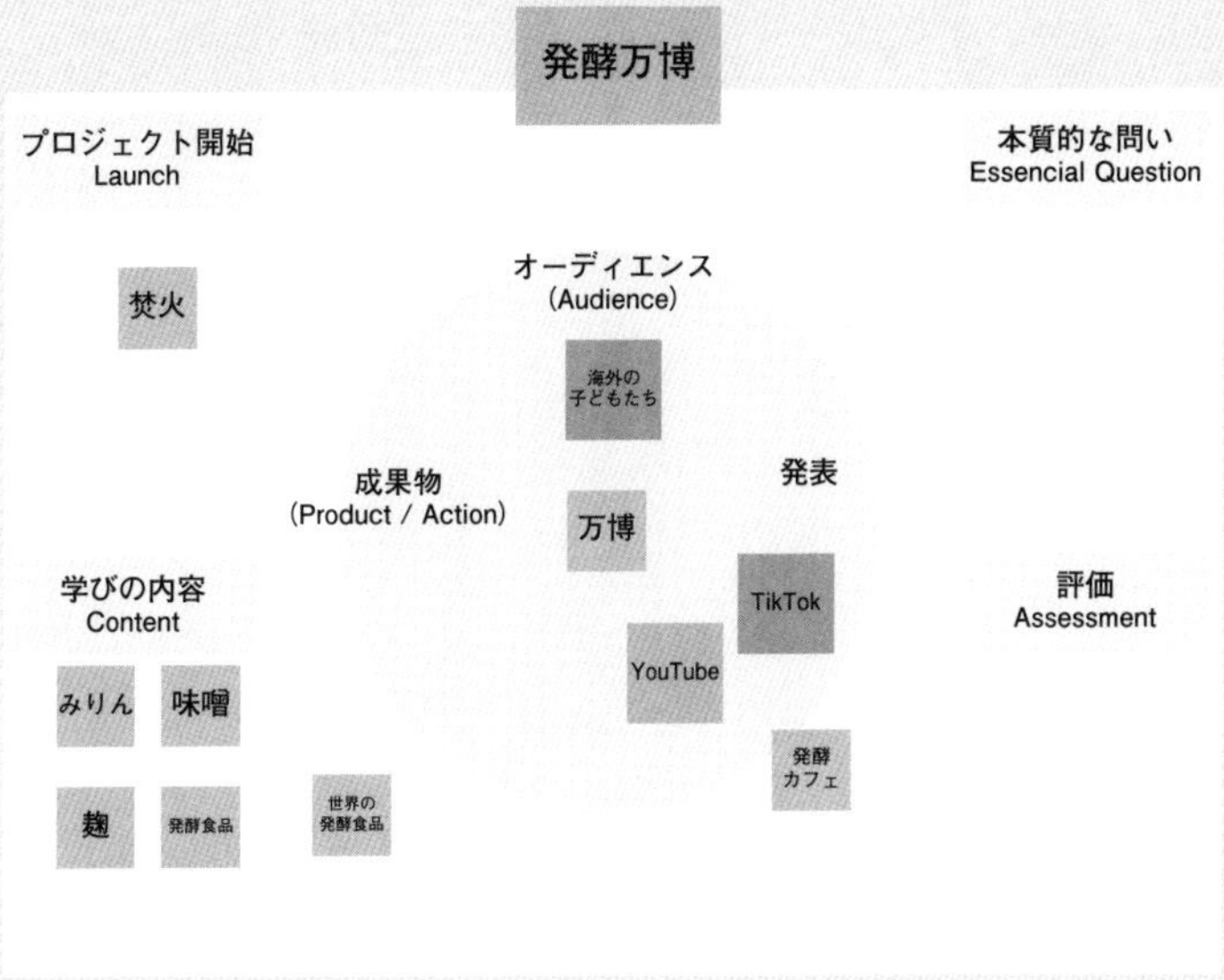

2022年7月プロジェクト初動アイディア出しのときのAチームのパターン

対話したという。その時点で、メンバーから出ている問いのリストは以下の通り。

・発酵の何が人の感覚にダイレクトに訴えるのか。
・匂いはなぜ子どもたちの興味を引くのか。
・人は微生物とどのように付き合ってきたか。
・くさいとはどういうことか。
・発酵を恋愛にたとえると?

さらに、この1カ月の間にメンバーは麹マイスター・味噌ソムリエの高木佐知子さんに話を聞いていた。また、自分たちでもテンペや納豆、ヨーグルトを作ってみたり、シュール・ストレミングというスウェーデンのニシンの発酵食品について話し合った。しかし、中核となる概念や協働で向かう問いがまだ見つからないようだ。

実は、こうしたプロセスは、まさに生徒たちが具体からプロジェクトを始めるときにたどる典型的な道となる。チームメンバーたちは、やりたい! という気持ちをもち、楽しみながらも、モヤモヤする。しかし、何に向かっているかがわからないから、つまり「意味」が捉えられないから、このままではプロジェクトが萎んでしまうのではないかという恐怖感も出てくる。

先に種明かしをしてしまうと、この状態は、デューイの探究の定義でいうとまだまだ「不確定な状況」である。デューイは「不確定な状況」を「不安」と呼んだ。もっと簡単に「問い」も「コンセプト」も立てられると思ったら、とんでもなかったという苦しい状態が続く。アイディアとしては最終ゴールまでの見通しがなんとなくついても、学びの中心軸が探せないのである。

しかしこうした「不安」に向き合わず、発酵食品をいくつか作ってみて発表しただけでは、低次の思考、つまり本質的な問いも中核概念もない活動に終わってしまう。「這い回る経験主義」で終わってしまうのだ。このタイミングで、メンバーは徹底的に対話をすることが大切になってくる。過去、あるチームは貸し会議室に集まったが対話が終わらず、結局、場所を変えながら11時間話し続けた。IDEOには「いかなる個人よりも全員のほうが賢い」という格言があるという。[*7] 一見無駄なように見えて、そういう対話の時間が将来的な探究の足腰になってくる。

しかし、このチームは夏以降の忙しさのなかで対話の時間がとれなくなってしまった。そして、最終発表の1週間前になって完全に行き詰まってしまったのである。チーム組成したときにはあんなに楽しく（オンラインのバーチャルだったが）焚き火を前に話し合ったのに、ミーティングの雰囲気も険悪となってしまい、焚き火の火が消えかけてしまう。そんなときに、ふと気がついたのが、実は自分たちは本音で話せていなかったのではないか？　ということ。そこでやっと「大人の探究を進めていくには何が必要か」という本質的な問いにたどり着いた。そこからはぐっと熱量が増していった。発酵食品を作り、匂いを嗅ぎ、味わい、専門の人に話を聞くという営みを通じて「自分たちの探究を発酵させる要素」について考え続けた。チームテーマも当初の「発酵万博」改め「大人の探究の発酵実験」に変更された。

このように、具体からボトムアップでプロジェクトを生成する方法にはトラップもある。アクティビティが決まっても、軸となる問いやコンセプトがなければ、ぐいぐいと回転せず、その動力が落ちていってしまうのである。もしこれがビジネスだったらプロジェクトマネジメントの失敗と言う人もいるかもしれない。しかし、ＬＣＬ本科では、見かけの成功より、自ら気づくプロセスを大事に考える。このチームは、問いを立てることの難しさと、それが決まるきっかけ、決まったときの駆動力、ゼロベースで話し合う勇気をもつことが突破口になることなどを身体と心の双方を使って学んでいった。胃が痛くなるようなうまくいかなさは、大きな学びに繋がることがある。学びのプロジェクトとしては十分成功である。

2 文化人類学的なアプローチで問いやコンセプトを見つける

エスノグラフィーの手法

では、どのようにしたら協働でみんなが向かっていけるような「本質的な問い／中核概念」にたどり着くことができるか。ここであらためて参考になるのが、IDEOのデザイン思考の考え方である。デザイン思考のプロセスでは、クライアントの課題をはっきりさせるために、「洞察（Insight）」「観察（Observation）」「共感（Empathy）」を重要視する。

そして、プロジェクトの領域における専門家やステークホルダーに徹底的にヒアリングをしたり、現場において何が起きているかをつぶさに観察する。現場に赴き、そこで働く人たちの行動や考えにも意識を向ける。小さなところに目を向け、人の気持ちに寄り添い、人が明確に言わないことにも耳を傾けていくのである。

こうしたやり方は、エスノグラフィーという民族学、文化人類学、社会学などで使われているフィールドワークによって行動観察をし、その記録を残す研究手法に似ている。上述のAチームは、苦戦するなかで、誰から指示されるでもなく、発酵の分野の専門家に話を聞き、自分たちで発酵食品を作り始めたが、実はこのやり方は王道である。素人同士でウンウン唸っていても、よい問いやコンセプトはなかなか出てこない。

そのようなときに、人の手を借りたり、自ら現場に足を運ぶことでより深く核心をつくものを探すことができる。なお、ヒアリングにあたっては、事前にその分野について本を読んだり、関連するテレビ番組や映画を観ておくようにする。そうすると、こうした調査全般によって、まさに科学的概念の学習・習得が同時に行われていくのである。

探検の5原則

ここで、私が学校現場でもすぐに使えそうで、やりやすそうだと思っている、地理学者・文化人類学者で日本創造学会の創設者でもある川喜田二郎のやり方をご紹介しておく。川喜田は、中学生の頃より先輩の今西錦司（1902-92）と山歩きに没頭した。京都帝大時代は山岳部に入部し、探検隊を結成。ネパール、チベットなどの山村のフィールド調査を行った。東京工業大学教授時代、1968年から69年にかけて大学紛争が起き「このままでは大学では本物の研究も教育もだめになる」と思った川喜田は大学問題を考える研究会を開いた。しかし大学問題を考えた末に、この問題は実は大学問題ではなく、現代の文明そのものの問題なのだと気づく。そこで1969年より実験的な「移動大学」をスタートした。

「移動大学」では6名のチームが6つある36名程度を1ユニットとして、2週間山でキャンプをする。そして、そのときに「個人の主体性はどうすれば確立できるか」「黒姫高原の開拓を今後どう進めるか」「現代の要求する創造性開発はいかにあるべきか」というような課題にチームで取り組む。そして、フィールドワークをして、そこで集めた情報をKJ法[*78]というバラバラの情報やアイディアを整理する方法を使って、模造紙に図解する分類法でまとめていく。

このフィールドワークの「探検の5原則」が、プロジェクト型学習や探究学習を行う際にも非常に秀逸だ。

1. 360度から
2. 飛び石づたいに
3. ハプニングを逸せず
4. なんだか気になることを
5. 徹底的に取材せよ

「探検の5原則」では、まず対象の分野について、一人の人に対するヒアリングをじっくり行うところからスタートする。そして、そのNo.1の人にタネが尽きるまで聞いたら、その内容をもち帰り、その意見をまとめる。[*79]次に、No.1の人に紹介されたNo.2の人に会う。No.2の人にNo.1から聞いてまとめたものを見せて、さらに意見を求め、同じことをNo.3の人に行う……というように積み上げていく。そのようにして、その領域でうまくばらつきのある人たちに話が聞けたら、たいてい7、8人めで付け加える情報がほとんどなくなるという。そこではじめて、集まった意見や発見をラベル数百枚に整理し、その領域のニーズをあらためて見ていく。そうすると、かなりの確率で、「本質的な問い」や「中核概念」に接近できる。

さきほどの「発酵万博」であれば、もうすでにキーマンにじっくりと話を聞いたのだから、もう少しそのヒアリングを続けてみることがおすすめである。その際に大事なのが探検の5原則の1のように、同時にその領域の全貌を自分たちなりに見渡しておくことである。360度見渡して、できるだけばらつきのある多方面・多視点の情報を集める。誰が紹介されるかのハプニングを楽しみながら、ホップするようにその領域を旅していく。

ヒアリングも少し肩の力を抜いて、雑談から始めて、面白い話が聞きたい、というマインドで聞くことが大事である。さらにそこで何か気になったら、徹底的に深掘りしていく。論理だけではなく感情も使い、出会いを楽しみ、「なんとなく気になる」

というような微細な感覚を見逃さないことがポイントとなる。川喜田の調査方法は、私の前職のコンサルティング会社の社長で、元マッキンゼーのパートナーだった大石佳能子さんから学んだプロジェクトの生成方法にとてもよく似ている。大石さんは、一つ仮説を立てるとすぐに簡単なポンチ絵を描いて、どんどん人に会い、プロジェクト仮説を精緻化していく方だった。

学校のプロジェクト型学習や探究学習でうまくいかないとき、このプロセスが圧倒的に足りていないケースが非常に多いものである。プロジェクト期間を短く設定しすぎて、適当な調べ学習で終わらせてしまうのだ。そうなると、本質的な問いも、中核概念もないまま、何となく進んでしまって、「何かやりました」だけになってしまう。「問い」にせよ「コンセプト」にせよ軸がうまく設定できなければ、探究の輪はしっかり回らない。慣れないうちは、途中までで時間切れとなってもいいので、プロセスを省略せず、そのプロセスからしっかり学ぶことが大事だ。

なお、この方法は学校という環境のなかで考えると、教科の縛りにとらわれない「総合的な探究／学習の時間」の構想や、遠足や修学旅行などの特別活動の初期的な構想にそのまま使える。運動会など保護者やコミュニティの人たちとやってみてもいいかもしれない。この方法は教科単元にも応用可能だ。試しに「ごんぎつね」の授業構想や、「幕末維新」「コンピューターの活用」などでトライしてみてほしい。

7

探究の評価をデザインする

人間が生きるうえでなにが大切かわかっているぼくたちには、番号なんかどうだっていいのです。[*80]

サン＝テグジュペリ（小説家・飛行士）

1 ルーブリックによる評価

パフォーマンスを評価する

多くの探究の単元では最終的に制作物を作ったり、活動を行ったり、何らかの表現をする。こうしたアウトプットは「パフォーマンス課題」ともいわれる。5章の例でいうと発明、作曲と演奏などである。評価方法においてベーシックなものとして、「ルーブリック」が挙げられる。ルーブリックとは、学習目標の達成度を、観点と尺度からなる表として示したものである。基本的に評価の観点は縦軸、尺度は数段階に分けて横軸で表現される。

先の播磨さんとの「発明」の単元を例に、ルーブリックを作成してみよう。まず、評価の観点として採用するのは、探究の中心軸に関わるものである。メイン・アイディアは「『発明』はそれぞれの『工夫』でまだ存在しない『はじめて』を創り出すことである」であるから、評価の観点は「創造性（はじめて）」と「工夫」となる。尺度は1〜5の5段階、もしくは1〜3の3段階がわかりやすい。

まず、ここまでいけたら及第点という子どもたちのパフォーマンスを、3の欄に記載する。次にもっとも望ましいと思われる状態を5に、最初の一歩といえる結果を1に書く。3段階評価にしたければ、これで完成する。もし5段階評価にしたければ、1〜3の間、3〜5の間を記述すればいい。上限と下限を設定せず、中間点（図では3）だけを記載し、あとはブランクにする「シングルポイント・ルーブリック」もあるが、慣れないうちは3段階、もしくは5段階のルーブリックから作成をしてみるといいだろう。

ルーブリックの例 1
理解していること・できることをどう使うか

	5	4	3	2	1
創造性	生み出した「はじめて」はAIの客観的評価においても評価された。		自分たちで「はじめて」と思えることを真剣に考えてアイディアとして表明した。		「はじめて」についての理解ができなかった。「はじめて」をつくろうという意欲が見られなかった。
工夫	AIの評価を真剣に受け止め、工夫によって新たなアイディアを考え出した。		初動案において工夫をし、そのことについて説明が十分にできている。		初動案においても工夫の軌跡が見られなかった。

この例では「創造性」と「工夫」の2観点からの評価となったが、ここで評価の観点は、現行学習指導要領で児童・生徒が学校教育のなかで身につけるべき力として示されている「資質・能力」の3つの柱を活用して整理したい。発明の単元で活用したリン・エリクソンの概念型カリキュラムは現行の学習指導要領の改訂のプロセスにおいて参照されている。分類や定義の仕方に違う部分もあるが、おおよそ今まで説明してきた問いや概念の構造と対応して考えることがぎりぎり可能であると考えた（詳細は後述する）。

資質・能力の3つの柱（学習指導要領）

1．何を理解しているか、何ができるか――個別の知識・技能
2．理解していること・できることをどう使うか――思考力・判断力・表現力等
3．どのように社会・世界と関わり、よりよい人生を送るか――学びに向かう力・人間性等

まずこの3つの柱を、先に見たエリクソンの「知識の構造」に対応させながら眺めてみる。

1．何を理解しているか、何ができるか——個別の知識・技能

この柱は、エリクソンの「知識の構造」における「事実（Fact）」および「スキル」の部分、つまり「低次の思考」の分野に該当すると考えてみる。「何を理解しているか、何ができるか」という表現がされているが、基本的に学習の転移にあたる高次の思考を伴わない部分である。低次とするとレベルの低いものと考えられがちだが、そうではなく、低次の思考は高次の思考を支える非常に大切な基盤である。

2．理解していること・できることをどう使うか——思考力・判断力・表現力等

「理解していること・できることをどう使うか」ということは、通常の解釈では「学習の転移が可能な状態」を指すと思われる。そうであるとするとエリクソンのいう高次の思考の部分に対応すると考えたい。ゆえに、概念的理解、つまり抽象化（一般化）と構造化を伴う思考の部分になってくる。

3．どのように社会・世界と関わり、よりよい人生を送るか——学びに向かう力・人間性等

この柱は、教科教育にとらわれない、より広い意味での人間教育についての目標であると説明されている。多様性を理解して仲間と協力する力や、自分の感情をコント

知識の構造と資質・能力の３つの柱

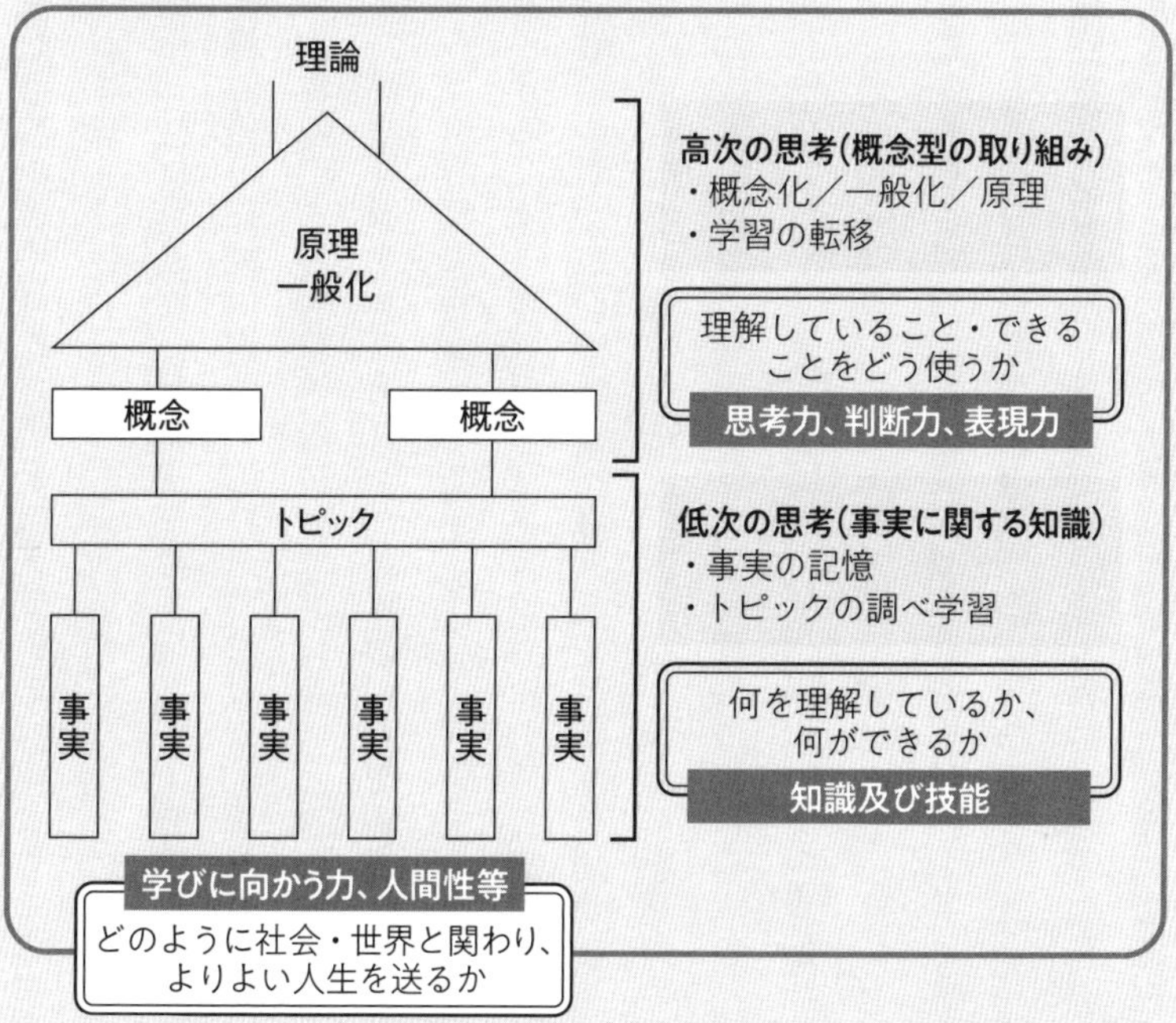

Bray 2012 and Erickson 2007, 2008, and 2011、H29・30・31年改訂学習指導要領より筆者作成

ロールする力、優しさや思いやりなど豊かな人間性のベースとなる資質や力を伸ばすことに重点が置かれている。

もちろんこの3つの柱はエリクソンの「知識の構造」と完全な対応とはなっていない。現行の学習指導要領の作成にあたっては米国の教育心理学者ベンジャミン・ブルーム（1913─99）が提案した教育目標を分類する枠組み「タキソノミー」の2001年の改訂版の考え方や、リン・エリクソンの長年の同僚であり「概念型のカリキュラムと指導（CBCI）」[*81]を一緒に進めているロイス・A・ラニングの「プロセスの構造」も参考にされている。よって、リン・エリクソンは「知識」を高次の思考と低次の思考を包括したものと考えるが、学習指導要領では低次の思考にあたる部分に「知識」という言葉があてられている。また、学習指導要領が「思考力」と一括している部分をエリクソンは低次の思考と高次の思考とに分けている。

しかし、「資質・能力」というものの全体的な捉え方や3つの分類に関しては、対比が可能なくらいまでには共通点があるとして論を進める。本章では、OECDと文部科学省両方の立場からOECD2030プロジェクトに関わってきた文部科学省の白井俊氏、京都大学高等教育研究開発推進センターの松下佳代氏が挙げられている背景・定義などを適宜参照しながら、相違というよりは、共通点に着目し、現場がシンプルに評価を行えるように、アクロバティックかつ厳密でないことをお詫びしつつ、整理を試みたい。[82]

コンピテンシーは育てられるのか

まず確認したいのが、学習指導要領における「資質・能力」という聞きなれない言葉である。学校教育に関係のない人はもちろん、教師だったとしても、この言葉が何を意味するのかをきちんと説明できる人は少ないのではないだろうか。

これを説明するためには昨今教育の世界にかかわらず盛んに使われるようになっている「コンピテンシー」という言葉の理解が不可欠である。ＯＥＣＤがグローバルベースでの教育改革の一環として１９９７年にスタートしたＤｅＳｅＣｏ（Definition and Selection of Competencies; Theoretical and Conceptual Foundation）プロジェクト（２００３年終了）において、さまざまなかたちで解釈・定義されていた「コンピテンシー」概念を統一し、提唱したキー・コンピテンシーは多くの国の教育政策に取り入れられており、日本も例外ではない。[83] 日本の初等・中等教育では、「キー・コンピテンシー」が１９９０年代半ばに「生きる力」と同じ志向性をもつ概念として受け止められ、２００６年の教育基本法改正以降、「資質」という言葉が教育目標として頻繁に登場するようになった。さらに東日本大震災を契機に行われたＯＥＣＤ東北スクール・プロジェクト（２０１１年）が契機となって、キー・コンピテンシーの再定義の必要性が国際的にもあらためて認識されることとなった。
2017／2018年の学習指導要領改訂はこれらの成果を踏まえて検討され、コンピテンシーと同義とされる「資質・能力」が3つの柱として整理され、教育目標の中核に据えられることになった。[*84] そして、OECD Education 2030 projectにおいて、「OECDラーニング・コンパス（学びの羅針盤）2030」が設定された。このコンパスにおけるコンピテンシーの定義は、「世界と関わり世界で行為するために、学習のプロセスに対する省察的なアプローチとともに、知識、スキル、態度・価値観を結集する能力」とされている。つまり「資質・能力」の3つの柱は統合されていなければならない。最終的な「資質・能力」の発揮においては、自ずと概念を活用し、高次の思考をはたらかせ、さまざまな事柄を一般化、構造化することが求められていることとなる。なお、OECD2030においては「変革をもたらすコンピテンシー」も含められ、新しい価値を創造する、対立やジレンマに対処する、責任をもつなども含まれることとなった。[*85]
こうした背景もあり、理解をシンプルにするために、本書では「コンピテンシー」と「資質・能力」は同義であると考えて論を進める。
ここまできたところで、またルーブリックの作成に戻ろう。最初に作った創造性と工夫についてのルーブリック（192頁）は、学習指導要領の資質・能力の3本柱においては「理解していること・できることをどう使うか」という柱に対応するものだった。

次に、「何を理解しているか・何ができるか」という柱については、「さまざまな発明」「仕様書の作成」「発明の条件や権利、特許、弁理士の仕事の意味」がアイテムになってくる。エリクソンのモデルにおいては「低次の思考」の部分である。ルーブリックにすると200頁のようなものとなるだろうか。

最後に「どのように社会・世界と関わり、よい人生を送るか」については、「協働性」「困難を乗り越える力」「より良い社会への意識」として項目立てしてみた（201頁）。

こうして、学習指導要領における3つの柱を踏まえたルーブリックが作成できた。作り方そのものはまったく難しくない。つまり、単元（授業）で何をしようとしているかが、教師にとって明確になっていれば、項目はすぐ立てられるのである。あとは平均的な期待値を「3」において、上限と下限を必要に応じて設定すればいい。逆にいえば、単元設計ができていなければ、妥当なルーブリックの作成はまずもって不可能ということになる。

ルーブリックの危険性と実際の運用

ここで、今までの記述をひっくり返すようなことをいわせてほしい。実は上記のル

ルーブリックの例2
何を理解しているか・何ができるか

	5	4	3	2	1
さまざまな発明の理解	「工夫」「はじめて」を確認しながら発明品の分類ができ、自分の言葉で「発明」を定義できる。		発明品を見て、何が「工夫」で「はじめて」なのかの指摘ができる。		何が発明品で何が発明品でないのかを見分けられない。言葉にもできない。
仕様書の作成（図面作成含む）	仕様書の意義を確実に理解し、各設問に対する回答が的確である。図面が人に説明できる状態で完成されている。		仕様書の基本的な意義を理解し、各設問にほぼ妥当に記載できている。図面やプロトタイプによってほぼ何をしたいのかを伝えられる。		仕様書の意義、および設問の理解ができない。もしくは表現ができない。
発明の条件・権利・特許・弁理士の意味	発明の3条件を具体と合わせて説明ができる。権利と特許、弁理士の仕事についても自分の言葉で説明ができる。		発明の3条件（新規性、進歩性、実現可能性）に関する基本的な理解がある。権利と特許、弁理士の仕事の関係性をだいたい理解している。		発明の3条件、権利と特許、弁理士の仕事や発明という概念の理解がほとんどできていない。

ルーブリックの例3
どのように社会・世界と関わり、よりよい人生を送るか

	5	4	3	2	1
協働性	チームメンバーの強みや弱みを把握し、多様な力を生かすことを尊重し、対話と信頼のもとプロジェクトを進められる。		対立などを経験しつつも、他者の気持ちや意見を汲み取り、一つのことに共に向かうことに前向きに取り組もうとする。		チームメンバーの意見や気持ちを理解せず、自分のことを中心に考え、適切なコミュニケーションができない。
困難を乗り越える力	チームワークにおけるトラブルやAIの厳しい評価などの困難があっても、冷静に受け止め、現実的な方法に向けて行動できる。		困難があったとき、その原因や自分の行動／振る舞いを振り返り、前向きに取り組もうとする。		困難があったとき、課題から目を背けたり、責任回避をしたりするなど、前向きに取り組むことができない。
より良い社会への意識	自分たちの発明の社会に与えるインパクトについて、その広がりや展望も含めて想像できる。		自分たちの発明は社会や人にとってよいものであると意識ができている。		社会と自分の発明についての関連性が理解できていない。

ーブリックは、本書を書くために即席でつくったもので、実際に子どものプログラムを実践していたとき、こうしたルーブリックは使用していなかった。何度かルーブリック活用を試みたのだが、運用がうまくいかず都度頓挫したのである。

ルーブリックには、個人的に苦い思い出がある。娘が米国の現地校の小学3年生の頃のことだ。太陽系プロジェクト（Solar System Project）というものがあった。生徒たちは、自分で想像上の惑星を作ることが求められた。記録を残しておらず、数値などが不正確で歯がゆいが、そのときに娘が作った星は、たとえば直径が1243㎞の地球よりかなり小さな惑星で、自転しないので日が当たっている方は花が咲き乱れ、ユニコーンなどさまざまな動物や植物、爬虫類や魚がいるのに対し、日が当たっていない方は真っ暗でマイナス200度、海は永遠に凍っているというものだった。太陽系からの距離や恒星からの距離、1周するのに2カ月程度などと設定していた。娘は夢中になって取り組んでおり、球体に紙を貼りキラキラと光る飾り付けやユニコーンのミニチュア、紙粘土などで惑星を飾りつけていった。

そして、当日。本人は大事にその星を持って学校へ行き、プレゼンをして帰ってきた。そのあとも、ずっと興奮してその星のことや友だちが作っていた星について話していた。球体を剝いていくとさまざまな内側のレイヤーが見えるものがあったり、色水の球体を凍らせてクーラーボックスに入れたまま持ってきたり、地下に眠るたくさんの動物が出てくるものなど、さまざまなプレゼンテーションがあったようである。しかし、のちに手渡された娘のルーブリックの創造性の項目には3の評点がついていた。説明はなし。決して高くはないABCD評価が右上に書いてあった。娘は泣いた。

不器用な娘の作った星は確かに見てくれがよくなかったかもしれない。その時点では、英語はおぼつかなかったので、自分が思っていたほどにはプレゼンも上手ではなかっただろう。しかし、コメントすらついていないそのルーブリックで泣く娘になんと声をかけていいのかわからなかった。私は仕事柄、娘のやったプロジェクトのアウトプットの写真やルーブリックなどはファイルしているが、このプロジェクトの記録はどこを探しても見当たらない。私もショックだったのかもしれない。

評価の注意点

この経験からも、中途半端な手抜きのパフォーマンス評価やルーブリックは本当に気をつけないとならないと考えている。そして、私たちが子どものプログラムを実施していたときに、ルーブリックになぜ挫折したかというと、評価に気持ちが追いつかなかったのである。ファシリテーターとして現場に入っているメンバーが見たいのは、いいアイディアを思いついたときに少し得意げな顔をしたり、友達が困っているときに手助けしてあげたり、見えないところでゴミを拾ったり、バラバラになったマーカーを整理している姿だった。発明の単元でいえば、ＡＩの評価が悪くて悔し涙を見せたとしても気を取り直してもう一度頑張ろうと仕切り直す姿だった。ルーブリックで観点を絞ってしまうと、大事なところを見落としてしまうのである。しかも個々のファシリテーターの主観が入ってしまうので、評価の擦り合わせも難しく、膨大な時間を取られた。そんなことで、みんな疲れ切ってしまった。

結局私たちは話し合った末に、メンバーの一人が大学院で子どもの研究のときに使っていたイタリアの教育手法であるレッジョ・エミリア・アプローチのドキュメンテーションを行うことで落ち着いた。ドキュメンテーションはその子のふるまいや言葉をジャッジせずに淡々と書いていく。どのようにしてその子がその時間を過ごし、どのようなコンピテンシー（資質・能力）を発揮し、何を学習しているのか（認知の変化、知識の変容）を見取り、振り返る。そうすると、ファシリテーター同士でその子について語り合うときにも話が自然と弾む。そして保護者にはドキュメンテーションをベースにいくつかの観点で整理したものと、プログラム中に作成したプロトタイプや絵、ワークシートなどをポートフォリオにして渡すようにした。

子どもは機械ではない。パソコンのようにスペック比較することは言語道断だ。しかし往々にして、詰め込みすぎるほどに知識や技能をインストールして、並行処理ができるような子だけがいい点数をつけられるような教室は実際に存在する。また、本来「主体性」や「関心・意欲」のような項目は、むしろそれを発揮できるような環境が整えられたかどうか、教師こそが評価されるべきである。それなのに、子どもを対象に評価するということも平気で行われている。

ただ、今になって思うと、当時私たちはルーブリックの使い方が単純に下手だったのかもしれない。現在、ルーブリックを用いた評価にはいろいろな工夫がされ、使い方によっては非常に有効なものになる。後ほどこのことについて触れていきたい。

2 進化し続ける評価手法

知っておきたい評価の4項目

ところで、評価の手法は、国際的に見ても日進月歩でどんどん変化している。仕事柄、海外の学校の研修の導入を行うことがあるが、評価の項目でよく取り扱われるアイテムの中から知っておいていいと思われる以下の4つについて説明していく。

1. 総括的評価から形成的評価へ
2. 評定・評価・見取りを区別する

3．フィードバックの重要性
4．教師による評価から自己評価・ピア評価へ

1．総括的評価から形成的評価へ

前述のブルームは教育活動における評価を「診断的評価」「形成的評価」「総括的評価」の3類型に分けた。まず「診断的評価」は単元のスタート時などで、前もって学習者の興味・関心や生活経験も含めた先行知識・学力などを確認し、学びの設計に役立てるものである（詳細は「はじまりの評価」として後述する）。

「形成的評価」は、ある一定期間中に取り組まれたそのプロセスを評価していくものである。学びの過程で何が起き、何を学んだのか。何がうまくいき、何がうまくいかなかったのか。うまくいかなかったとしたら、その原因は何か、私は何をすればいいのか、と捉えていく。

「総括的評価」とは名の通り、ある一定期間に学んだことを総括的に評価するものである。いわゆる一般的なテスト、学期ごとの成績評価、中学・高校・大学受験、プレゼンテーションの発表に対する評価などがこれにあたる。社会人であれば、半期ごとの人事考課などもそうである。私たちが学校で従来慣れ親しんできたのは、圧倒的に総括的評価である。

今、世界的にも従来重きを置かれていた総括的評価から形成的評価を重要視する傾向にある。学ぶべき正しい情報があり、それを正しく記憶したかをチェックするような学びの価値観ではなく、「人はさまざまな経験をするなかで、自らその意味合いを構築していく」という価値観に重心がシフトしているので、評価がこのように変わっていくのは当然の流れでもある。

国際バカロレアの初等教育プログラムでも、2020年の改訂で、より形成的評価が大事にされるようになった。子どもたちは「私はどこにいるのか」「次はどこに向かうのか」「どのようにしてそこにたどり着こうとしているのか」を学びの営みのなかで自身に問い続けることが奨励されている。

2. 評定・評価・見取りを区別する

ハイ・テック・ハイやハワイのプロジェクト型学習先端校であるMid Pacific Instituteなどの研修では、日本の教師から成績表について質問があると、どちらの学校からも成績（Grading）とアセスメント（Assessment）を区別して考えるように、というアドバイスがなされた。実は、成績表が必ずしも児童・生徒のすべてを表すものではなく、良い成績にせよ悪い成績にせよ、子どもたちにとっても決して有益なものとは思えないと考える教師は世界中にいる。それよりも丁寧にプロセスを見て、子どもたちが自分のことを自分なりのやり方で成長させることができるように支援をしたいと考える。そうしたなかで、その子本来のよさを引き出す成長の支援を実現するために、成績にまつわるさまざまな言葉を整理して、混同しないことが極めて重要となってくる。

京都大学の石井英真《てるまさ》准教授は、まず成績における評定とアセスメントとしての評価への対応をしっかり分けて考えることを提案する。「評定」は通常、学年末などに5段階評価などで示される総括的評価となる全数調査でまとめられるものである。一方で、アセスメントとしての評価は、資質・能力の3つの柱に対応する3つの観点「知識・技能」「思考・判断・表現」「主体的に取り組む態度」を見ていくもので、前述の形成的評価に対応する。私たちの実践でいえば、ルーブリックで観点を見ながら一人ひとりの子を見ていくプロセスである。

最後に、評定、アセスメントとしての評価を支えるのが、児童生徒たちの日々の取り組みの姿を丁寧に確認する見取りとなる。先の実践例では、レッジョ・エミリアのドキュメンテーションを使って、子どもたちの様子を記録していた部分に重なる。石井氏は評定は総括的評価として、必要なときには根拠を示せるべきである一方で、形成的評価に対応するアセスメントとしての評価については、児童・生徒の姿から見えてくるものからの抽出・直感のレベルも許容されるべきであり、見取りこそが教員の力量の核心であり、子どものよいところを引き出すものだとしている。[*86]

先のルーブリックの失敗をあらためて振り返ると、ルーブリックをつくり、作成した観点から子どもの学びを評価することは有益な一方、評定に過度に振り回されてはならなかったということである。もしくは次に述べるように、教師による一方的な評価に使うのではなく、自己評価やクラスメイトとのピア評価にルーブリックを活用するほうが有意義なものとなっただろう。今は、ルーブリックは児童・生徒と教師が協働でつくり上げていくことのほうがむしろ主流になりつつある。納得感のあるルーブリック運用の方法は、子どもたちと共に模索していくしかない。

評定はそのもともとの性質上、どうしても一人ひとりの固有性に寄り添ったものにはなりえない。しかし現実問題として、大学受験のために高校の成績を提出しなければならないとか、学校や教育委員会の要請によって、成績をＡＢＣや5段階評価など決まったフォーマットで提出しなければならない、ということもあるだろう。そのときの現実解としての評定・評価・見積もりとアセスメントとの分離である。子どもは数値などで評価し切れない存在である。全人的な評価を忘れてはならないのである。

繰り返し受けられるテスト

児童の見取りを徹底して行う伊那小学校では、60年以上前に通知表を廃止した。通知表では、子どもの長所・短所、学習のつまずきとその原因まで知ることはできないし、子どもの具体的な成長や日々の努力に目を向けず結果にとらわれてしまうなどの弊害があったことから、廃止に踏み切ったという。その代わりに期末懇談会を設け、学業・性格・行動・身体など、毎日の生き生きとした姿を中心に、保護者と話し合うようにした。しかし、成績表というものは日本だけではなく多くの国で残っている。どの国の教師も成績表をつける時期になるとなんだかモヤモヤしている。もはや、一方的な成績評価は制度疲労を起こしていると考えたほうがいいのかもしれない。

ちなみに娘が米国の公立小学校に通っていたときの、その教育区での成績表のフォーマットは、テストの点数だけで自動的に成績（評定）がつくというシンプルなものだった。しかもテストは何度でも繰り返し受けて構わなかった。出席や遅刻には厳しいが、特性のある生徒に対する配慮は教員や学校に判断する余地が与えられていた。また、「この子は学習に前向きである」などの関心、意欲や態度については一切成績の対象にならなかった。つまり「学校での成績はあなたのごくごく一部の能力を示したものというだけであって、あなた自身の全人的な評価ではないですよ」というメッセージが暗黙のうちに安全に与えられていたのである。一方で、クラス内で書いたものや読んだ本については、一対一で子どもが先生と話をする時間が必ず設けられていたり、個別フィードバックの時間が取られていた。先生と保護者は気軽にメールでやりとりをして、適宜会うことができるなど、親としても娘の学校での様子を知ることは難しくなかった。評価における「成績・評定」の重みを減らすために、こうしたことが参考になるかもしれない。

3．フィードバックの重要性

さらに評価において、中心的に指摘されるのが「フィードバック」の重要性である。[*87] フィードバックは、「形成的評価」において日常的に使われる手法だ。「形成的評価」には小テスト、プロジェクトの進行において作成したものをファイルなどに記録する「ポートフォリオ」、授業での様子や発言を丁寧に記録していく「ドキュメンテーション」などさまざまなものがある。そのなかでも、「フィードバック」は教師のはたらきかけによって大きな違いが出てくる。

「フィードバック」については、1958年に実施されたエリス・ペイジ（1924－2005）による古典的な実験がある。テストの点数に合わせて個別のコメントをもらった生徒のほうが、その後有意に高い得点を獲得し、後年の研究でもその結果が確認されている。また前出のベンジャミン・ブルームの研究では形成的評価における「マスタリー（習熟）」に向けて、「生徒は何を学ぶと期待されていたのか」「それまでに何を学んだのか」「これから何を学べばいいか」を正確に特定するためのフィードバックが有効であることが示された。

ところで、「フィードバック」は漠然としたアドバイスや評価のことではない。基本的には、「あなたはどこに到達しようとしており」「どこにいるのか」、そして「どうしたらいいのか」をガイドするものである。つまり、生徒が自分の学びを理解するために必要な情報が与えられることが重要であり、結果として学びへの意欲が増すものでなければならない。

一方で、フィードバックは生徒と一対一で向き合い、その頻度も高く、かける時間も長いほうが望ましいが、全員の生徒に長時間をかけて個別にフィードバックすることは現実的ではない。そこで、忙しい教師が効果的かつ効率的にフィードバックができるかということに今、注目が集まっている。「いつ、どのようなタイミングでどのくらいフィードバックしたらベストなのか」「より生徒に受け入れられるフィードバックをするには?」「自分のフィードバックの良し悪しはどうやって評価したらいいのか」「どのように生徒同士がフィードバックしあえるか」などの課題について、日々実践を積み重ね、その結果を共有知としていく方向にある。

4．教師による評価から自己評価・ピア評価へ

最後に、近年、特に強調されているのが、評価する主体を教師から生徒たちへ権限委譲していくことの重要性だ。そもそも評価は究極には誰のものかと考えた場合、そ

れはほかでもない生徒一人ひとりのためのものである。そのためには教師が生徒を評価するのではなく、生徒が自ら評価を行うという、至極当たり前の考え方に転換していかなければならない。たとえば、米国ハイ・テック・ハイでは、それを生徒中心の評価（Student Centered Assessment）として非常に大切にしている。

一方で、生徒中心の評価は生徒一人ひとりにとって十分な情報が必要であると共に、協働的な営みであり、内省を促すものでなくてはならない。自分一人で自分のことを理解するのは難しい。私たちは、社会と接し、相互に作用しながらだんだんに「私」がわかってくるものである。そうなると「自己評価 Self Assessment」だけではなく「ピア評価 Peer Assessment」をバランスよく取り入れつつ、自分を知るプロセスをデザインしていく必要がある。

創造性と教育について教育者に多くの示唆とインスピレーションを与えたイギリスのケン・ロビンソン卿（1950-2020）は、人の才能は天然資源と同じで、探さないと見つからないし、表層に転がっているものでもなく、才能が現れる状況をつくり出すことが教育の役割だといった。彼は人生において、自分の「エレメント」を見つけることが何より重要であるとした。「エレメント」とは、「自分の才能と情熱が出会う場所」を意味し、それは「自分にとって、それをするのが自然に感じられること」である。*88

探究学習、とりわけ協働における探究する学びが求められるのは、それが他者との関わり合いのなかで「自分の才能と情熱が出会う場所」を見つけることを支援できるからである。それでは、「自分の才能と情熱が出会う場所」はどのように見つけることができるだろうか。その方法を、プロジェクトや単元のはじまり、中間（プロセス）、終盤に分けて考えていきたい。

3 「自分の才能と情熱が出会う場所」を見つけるための評価

はじまり、中間、終わりの評価

ケン・ロビンソン卿がいう「自分の才能と情熱が出会う場所」をどのようにつくり上げていけばいいのだろうか。東京大学名誉教授の佐藤学氏は、「カリキュラム」はラテン語の「走路」を語源とし、「人生の来歴」を含意する言葉であり、学校において、教師と子どもが創造する教育経験の総体を意味する言葉である、という。[*89] そもそも子どもたちは、人生の旅を歩んでいるわけで、そのある一定の時間をある人たちと共に「学校」という場で過ごし、文化的・社会的・倫理的な経験をする。だとしたら、その経験に寄り添い、共に歩むような評価を実現したいものである。ここでは、「はじまりの評価」「中間の評価」「終わりの評価」という3つに分けて、考えていく。

A.はじまりの評価——初期評価

まず、「探究する学び」においては、学年のはじまりやプロジェクト開始前に子どもたちがどのような状態にあるかを確認することは、極めて大事である。つまり、子どもたちが、どのような意志をもって教室にいて、どのようなことが得意（苦手）で、どのようなことが好きで、どのようなパーソナリティをもっているかという確認である。初期状態が確認されていなければ、学校における経験によって、児童・生徒たちがどう変容したのかを測ることができない。

しかし、実際には、子どもたちの人間性も含めた全人的な初期確認がされないまま、いきなり一斉教授がなされ、テストによる結果だけが確認されることがとても多い。つまり評価の基準は社会が定めたものなのである。その子がどうありたいか、どう変化したかではなく、社会が決めた「規格」に当てはまるかどうかでずっと評価され続けるのである。

私が経験してきた教室はまさにこのようなものだった。私は、小学校低学年くらいまでは九九を覚えるのもクラスでほぼビリだったし、偏食があって給食が食べられなかった。友達がなかなかできずに男の子たちにいじめられた。私は「規格に満たない子」なんだとずっと思っていた。中学校くらいになると成績が伸びてきた。「自分は馬鹿ではないらしい」と思うことで確かに私は少しほっとした。しかし、それはそれで「自分の成績は標準規格よりも上」くらいの自己肯定感しか得られなかったように思う。むしろ、だんだん自分が何者かがわからなくなり、「本当の私」を知る人などどうせ誰もいないだろうという諦念にも似た感情を抱えて日々を過ごしていた。今の教室はその頃からどれだけ変わったのだろうか。

個々の子どもに寄り添った教室とするためには、教師による児童・生徒の初期的、全人的な確認だけではなく、これから協働して学ぶ子どもたち同士でお互いをよりよく知る仕掛けをつくる必要がある。自分のことを自分の言葉で説明し、クラスメイトと共有できるようにしていくのである。ここでの関わり合いが、協働学習のチーム編成にも深く影響してくる。スタートであるので、表現の上手下手にあまりとらわれないようなことも必要だ。ここでは比較的簡単に実施でき、自己を引き出しやすい２つの事例を挙げたい。

一つは、ピアインタビューといって、ペアになってAさんがBさんを30分インタビューし、後半30分でBさんがAさんをインタビューし、他己紹介するものである。この質問項目は後述する「社会性と情動の学習（SEL：Socail Emotional Learning）」をテーマとした研修プログラムでも活用している。非常に簡単であり、かつ驚くほど関係性が向上する。対象年齢やクラスの状況によって質問などは適宜変更して構わない。

1．あなた自身について
好きなもの、出身地、家族など、なんでも教えてください。
2－1．あなたの成功体験について
あなたの今までの最高の体験、生き生きしていたと思えるとき、誇りに感じたときを教えてください。
2－2．あなたの成功体験について
その成功体験をしたときにあなたはどんな努力や工夫をしましたか。またそのときに関わった人たちについて教えてください。
3－1．大切な価値観について
あなたが目覚めたらすぐにでも行きたくなるような場所はどのようなところでしょうか。
3－2．大切な価値観について
あなたをもっともよく知る人に「○○さんってどんな方ですか、どんなところが素晴らしいですか」と聞いたとすると、その人はどのようにあなたのことを説明するでしょうか。その人はあなたが大切にしている価値観や発揮している強みとして何を挙げるでしょうか。

自分の強みを表すカード

次に紹介するのは米国ハイ・テック・ハイで活用されているものだ。生徒たちは以下のようなものが書いてあるカードを渡され、自分を表しているだろうというものを2つ選んでチームで話をする。そうすることによって、お互いのことを知るだけではなく、教室がすべての子にとって「いてよい場」になっていく。

〈自分の強みを表すカードの実例〉

・私は先が不明瞭な場合でも心が落ち着いていられる。
・私は少し難しい課題に対しても活動を続けられる。
・人を説得しうるような考えを述べることができる。
・古い課題に対し、新しい解決を見出すことが好きだ。
・複雑な状況のなかで突破口を探し出すことが好きだ。
・多くの情報を整理することが得意だ。
・複雑な情報を単純化することが得意だ。
・難しいタスクがある場合にチームメンバーを助けるのが好きだ。

・私は違う意見をもった人たちを助け、平和的解決にもち込むことが好きだ。

さらに、次頁のような「コンパス・ポイント」をホワイトボードなどに描き、自分がこのタイプだと思う象限を探し、付箋などで自分の場所を指し示すようなこともある。こうした取り組みによって、生徒たちが自分の強みを可視化することができる。どのような方法でも構わない。学年のはじめには、生徒一人ひとりの全人的な特性や能力をしっかり見取ることが、その1年の経験を有意義にするはじまりとなる。

チームの多様性

このようにして、児童・生徒の今までの経験やパーソナリティ、ある程度の資質・能力が見えてきたところで、探究学習の場合は、教師は協働のためのチーム編成に取り組む。ここで、どのようにチームを編成するかがその後の学習に大きく影響する。一般論としては、多様性に富んだチーム編成のほうが高い効果が出るといわれている。では「多様性」とはどういうことなのか。多様性のあるチームの意味と効果は何なのか。もう少し、深めていきたい。

組織心理学を専門とするランカスター大学のマイケル・A・ウェスト教授は、チームの多様性のあり方は大きく3つに分けられるという。1つめは、知識・スキルのよ

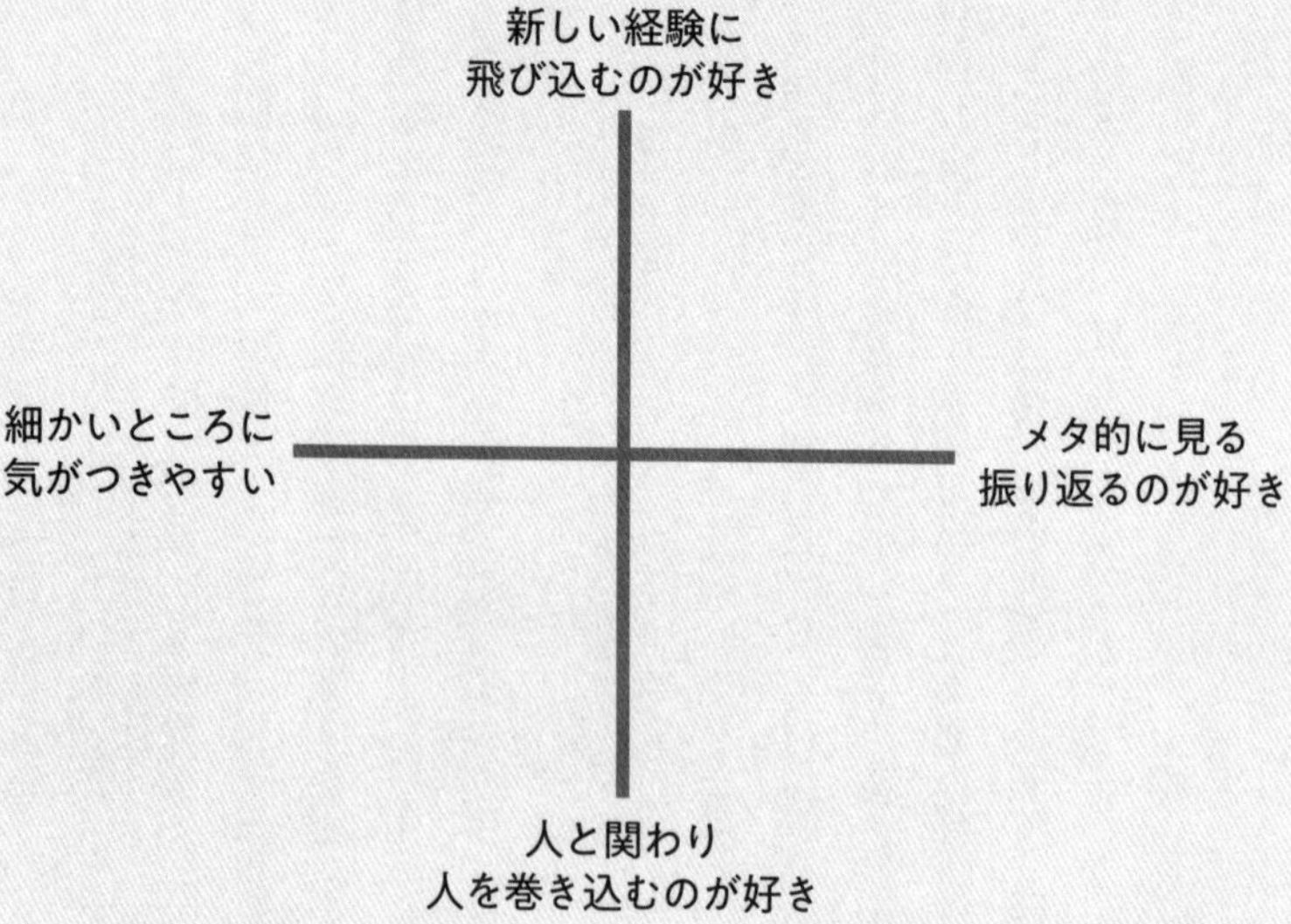
新しい経験に
飛び込むのが好き
細かいところに
気がつきやすい
メタ的に見る
振り返るのが好き
人と関わり
人を巻き込むのが好き

うな機能的多様性、2つめは、性格などパーソナリティの多様性、3つめは、年齢や性別、人種などで分けられる属性の多様性だ。そして、この3つの多様性に基づくチーム編成には、それぞれにメリットとデメリットがあるという。

1．機能的多様性
知識、スキル、能力などの多様性

2．パーソナリティの多様性
個人が世界をどのように認識し判断を下したり、心がどのように作用し機能しているかなどという性格の多様性

3．属性の多様性
年齢、性別、人種などの多様性

1の機能的多様性は、知識・スキル・能力における多様性だ。マルチプルインテリジェンス理論で説明される「論理・数学的知能」「言語的知能」「運動感覚的知能」「音楽的知能」なども含まれる。こうした機能面におけるバックグラウンドの多様性は、チームメンバーの外部へのコミュニケーションを多様にし、チームパフォーマンスに影響を与えるといわれている。

2のパーソナリティの多様性については、スイスの心理学者カール・グスタフ・ユング（1875–1961）の性格理論（タイプ論）に触発されたMBTI（Myers-Briggs Type Indicator）などさまざまなものがある。外向性と情緒安定性における多様性は、チームのパフォーマンスと正の相関をもたらすとマイケル・ウェスト教授は言及している。

3の属性の多様性は、年齢・性別・人種の多様性を意味する。属性の多様性のあるチームは均質性の高いチームより、葛藤や対立が起きやすく、短期間に早く成果を出したい場合には不向きである。しかし、パフォーマンスのカーブはU字型を描き、当初想定されなかったような高いパフォーマンスを発揮するといわれている。*90

LCL本科ではメンバーの募集時に、3の「属性」の多様性を考慮して選考をしている。具体的には年齢は20代から50代まで、所属も私立・公立・オルタナティブスクール・塾などバラバラ、幼稚園・保育園、小中高、大学教員までプロファイルもさまざまである。公立学校教員の優遇枠はあるが、民間企業、保護者、行政などからの受け入れも積極的に行っている。だから、20代の新人教員と50代のベテラン教員、民間企業の職員が同じチームで一緒にプロジェクトを組むということが出てくるのである。

一方で、プロジェクトのチーム編成については、(1)「機能」、(2)「パーソナリティ」の多様性を確保するようにしている。2020年度は「機能」に着目し、マルチプルインテリジェンス理論を活用し、できるだけさまざまなインテリジェンスが集まるチームを編成した。2021-2022年については、「パーソナリティ」の多様性を確保すべく、上述のコンパス・ポイントを活用している。ちなみに、過去、OST（Open Space Technology）といって、どんなテーマに取り組みたいかということを考慮しながらチーム組成をする方法も試した。しかし、これからどんなことをやるかすら決まっていない場合には、やりたいことよりもチームの多様性を確保したほうがよく機能するようである。

こうしたチーム組成とその後のチームビルディングについては、現軽井沢風越学園副校長の寺中祥吾さんと過去5年間ずっと一緒につくり上げてきた。彼は野外教育・冒険教育における実践と、野外教育におけるグループプロセスを研究し、プロジェクトアドベンチャージャパンで数々のプログラムのコーディネーションとファシリテーションを行ってきた。寺中さんとは、プログラムやプロジェクトの進行の様子や、体調なども含めたみんなの雰囲気やディスカッションの運びなどを参照しながら、毎年のチーム編成の方法を考えている。

余白のある学校

さまざまな学校を視察・見学させていただく経験から一ついえるのは、よい実践をしている学校はおしなべてスタートが緩やかである。特に子どもの年齢が低い場合には顕著である。最初に遊び場づくりをしたり、生き物を育てたり、伊那小学校であれば迎え入れる動物の住処を作ったりする。サンフランシスコにある公立チャータースクールで評判の小学校（New School）を訪れたが、その学校でははじめの6～8週間はExploration（探索）の時期とし、緩やかな活動のなかで教師は見取りに徹していた。[*91]

そもそも、米国の公立小学校は、特に中学年くらいまでは休み明けは1週間くらいはゲームをしたり夏休みの話をしたり、ゆっくりとスタートすることが普通である。教師はそのときに集中して見取りを行う。日本では新学期しょっぱなから授業をスタートしたり、テストをするなどと聞いたら、米国の多くの教師は驚くだろう。米国のように新学期に教師がロックミュージックをかけて、子どもたちが机の上にのぼって踊りまくるようなことまではしなくても構わない。しかし、スタートを少し緩めるだけで不登校の問題などかなり解決するのではないかと、つい想像をめぐらせてしまう。

たくさんのこなさなければならないものがあるから、そんな余裕はもてない、そんなことでは統制がとれないという声も聞こえてきそうだが、子ども一人ひとりを尊重し、人間関係を大切に扱うことでその後に起きるさまざまなトラブルや授業の停滞を未然に防げるのであれば、検討してもいいことなのではないだろうか。

B. 中間の評価――プロセスの評価／形成的評価

初期的な評価がしっかりできたら、次は学びのプロセスで何が起きているのかを評価していく。こうした中間における評価を、先に述べたように形成的評価（Formative Assessment）という。その日その日の生徒のあり方やアウトプットなどを把握し、何が問題で、何がよいところで、どのようにしたらいいのかと考えていくものである。この中間の評価においても2例ほど紹介する。

まずは、具体的でわかりやすく、問いも優れているイエナプランのリフレクションから。イエナプランは先に述べた通り「コア・クオリティ」というものを成文化しており、以下の3つの軸で「私」を捉えている。イエナプランのコア・クオリティのチェックリストで印象的なのは「子どもを」評価するのではなく、子どもに関わるグループリーダー（教師）が設定する環境（ペダゴジカルシチュエーション）についてのチェックリスト、つまりそういう環境を整えられているかどうか、教師が評価をされる側になっていることである。[*92]

1. 子どもの「自分自身との関係」
2. 子どもの「他の人との関係」
3. 子どもの「世界との関係」

1. 子どもの「自分自身との関係」

・子どもたちは、自分が何をさらに学びたいかを言う。
・子どもたちは、自分が何をさらに学ばなければならないかを言う。
・子どもたちは、自分が得意なことができ、それを人に見せることができる。
・子どもたちは、インストラクションを受けるかどうか自分で選べる。
・子どもたちは、自分でやった学習を見直している（答え合わせをしている）。
・子どもたちは、なぜそれをしたのか、何をしたのかについて自分で言える。
・子どもたちは、今日・今週・今学期・今年（略）、自分が何を学んだかを言える。
・子どもたちは、自分自身を大切に思っている。

次に「他の人との関係」がよいかたちで築けているかを確認する。自分が何をしたくて、何が得意かがわかるだけではなく、友達が何をしたくて何が得意かがわかり、一緒に何ができるかを考えられているかを見ていく。

2. 子どもの「他の人との関係」

・子どもたちは、お互いがもっている得意な点や才能を利用している。

・子どもたちを平等に待遇するために、まさに一人ひとり異なる待遇がされている。
・子どもたちは、助けを求めたり助けを与えたりすることを学んでいる。
・子どもたちは、グループの中で自分自身の意見をまとめ、それを言うことができる。
・クラスの子どもたちが、全員で物事を決めるクラス会議が開かれている。
・子どもたちは、お互いに褒め言葉や問いをかけあっている。

最後に、子どもの「世界との関係」を見る。小さな周りの出来事や、世の中で起きている問題を自分ごととして捉え、そこから学び、何らかの働きかけが活動としてできているかを確認する。

3. 子どもの「世界との関係」
・子どもたちは、助けを必要としている人にアクションを起こしている。
・小さな時事と大きな時事が子どもたちのアクティビティに影響を与えている。
・子どもたちは、自分で発見したり、実験したり、探究している。
・子どもたちは、ありとあらゆる答えを問い直すことを学んでいる。

・子どもたちは、遠足やゲストの招待や、その他のイベントを企画している。
・子どもたちは、自分たちの学校の教室を、自分たちで、きれいに片づけている。

「学びの意味」を生徒自ら振り返る

もう一つ、中間の評価の例を挙げる。ハイ・テック・ハイの評価方法である。ハイ・テック・ハイでは先に紹介した方法で「自分は何者なのか」という初期的な言語化をする。その後、プロジェクトがスタートすると、生徒たちは今取り組んでいる「学び」が自分たちにとって意味のあるものであると明確に確認できるかどうかに進む。こちらの方法はどちらかというと論理・抽象思考が発達し、言語の扱いが上手くなり、メタ認知も進む小学校高学年から中学・高校生に適している。生徒たちは、プロジェクトの進行の過程で定期的に以下の内容を確認する。

・なぜ今やっていることが重要なのか。
・何が私たちにこの活動が価値があると感じさせているのだろうか。
・なぜ私たちはこの活動に価値があると感じるのだろうか。
・この活動をすることで何か違いが出てくるのだろうか。

・私たちの活動は私たちの学びや世界に対しての意義からいって、どこに向かっているのだろうか。

こうした質問項目は、従来型の教育に慣れた人には新鮮に映るかもしれない。これらの質問は、形式上は児童・生徒に問うかたちとなっているが、実際には、教師たちが問われているからである。私たちは、今まで「こんな授業は意味がない」とか「テストなんて意味がない」「学校なんて意味がない」と思ったことはないだろうか。

児童・生徒たちは、取り組むプロジェクトを「意味のあるもの」「自分自身に寄与するもの」にしたいと潜在的に考えている。その上で、成長の機会を見出すべく、クラスメイトや教師と話し合っていくことこそが、意味のある世界を創り上げるには必要である。それなのに、子どもたちが「意味がない」と思っているのに「学校なんてそんなものだ」と放っておいてしまっては、それこそ教育の放棄である。

もし、生徒たちに「意味がない」とＮＧを出されたら、その授業設計は変更を求められているというサインである。暗記テストなどの低次の思考ばかりで、生徒たちが「意味がない」と感じていたら、それは設計者側の問題となる。本当は子どもたちはもっと上位の思考をはたらかせたかったり、実際の社会に積極的に関わりたいのかもしれない。それなのに肝心の授業者側が、低次の思考を押し付けているとしたら、問題だ。逆に単元が概念的・抽象的すぎて子どもたちがわからなくなるケースもある。その場合は逆に具体に降りていけばいいのである。授業デザインの肝要な点は「意味のデザイン」であるとつくづく思う。「意味がない」と感じる事柄に対して、人は決して真剣に自己を成長させようなどとは思わない。

形成的評価におけるフィードバックとなると、つい教師はさまざまな手法を知ろうとする。しかしその前提条件として、「はじまりの評価」が全人的に行われ、その続きとして、意味のある学びができているか確認する「中間の評価」が連続していなければならない。そして、形成的評価は、教師側が生徒を評価しているようで、実は教師側こそが一番評価されるという意味で非常に興味深いものである。

C. 終わりの評価——総括的評価

いよいよ「終わりの評価」である。意味のある評価がそこまでできていれば、児童・生徒たちもかなり自己評価ができるようになっているはずである。そして「教師と子どもが創造する教育経験の総体」をしっかりと振り返り、経験の意味づけをしていくことが最後に必要となってくる。

プロジェクトや探究の単元の最終には、よくプレゼンテーションや発表会を行う。もちろん専門家からの外部講評を受けたり、地域の人たちや保護者からの反応を受け取ることは大事である。人はそうした社会との関わり合いのなかで、自己を確認し、自分のアウトプットに誇りをもったり、あるいは反応の少なさにがっかりしたりするからだ。ただ、ここでポイントなのは、最終プレゼンテーションを見にくるオーディエンスはしばしば「最終成果物」しか見ることができないし、そのプロセス全体を把握できていないことを理解しておくことである。

評価は難しい。特に「終わりの評価」における評価は、英語でいうとアセスメントではなくエヴァリュエーションである。もちろん多くの人を感動させ、専門家を唸らせるような作品や分析、研究はある。しかし、最終的にはそうした社会的評価と、自分自身をどう捉えるかという評価とは別だと冷静に捉えなければならない。よく知られている通り、ゴッホ（1853-90）の絵が生前に売れたのはたった1枚だった。今をときめく人が20年後に同じような評価を受けている可能性はそれほど高くないし、逆も然りである。社会的評価を現実問題として受け入れつつも、踊らされたり、逆に過度に落ち込むなど自分を見失わずに、そうした評価を活用し、どのように社会と交渉し、人生を歩んでいくかは、身をもって学んでいくしかない。

こうした発表会や最終成果物の評価における不完全さを充分に踏まえた上で、それでもなお、社会的評価にチャレンジすることは、自分たちが社会にとって大切だと思う活動や思想を広めていくためには必要な力となる。また、課題解決を目的としたプロジェクトの場合はその解決を依頼したクライアントに向けてその成果を発表し、喜ばれるという経験も大変貴重なものである。むしろ、その分野のプロにしっかり見てもらって、自分がどの立ち位置にいるのかを知ることができるような機会は、子どもたちのモチベーションを高める。

オーディエンスのヒエラルキー

米国の教育者ロン・バーガーは、「オーディエンスのヒエラルキー」というものを提唱している。子どもは教師のための提出物では決して満足せず、保護者、学校内での発表、学校外での発表、専門家への発表、世界（社会）に対する発表と、プレゼンテーションの対象のレベルが上がっていくにつれて、子どもたちのモチベーションとプロジェクトや成果物への真摯な取り組み態度が向上するという。しっかりと児童・生徒たちの成したプロジェクトを評価するに足る、その分野の専門家に最終アウトプットを見てもらえるような設計も一方でとても大事である。

そして、そうした社会的評価と共に決定的に重要なのは、「自分ははじめどこにいて」「どのような努力をして」「最終的に何を学び」「これからどうしていきたいか」と内省し、それを人に説明し、そしてアクションを起こせるように子どもたちを導いていくことである。「終わりの評価」の目標は、最終成果物をつくった「自分」に対する誇りをもてるようにすることである。ここでいう誇りは他者からの評価ではなく、真摯に取り組んだ自分への自己評価である。客観的に良い悪いではなく、自分自身が「よいことをした」と思えるかどうかである。ロン・バーガーは、人は他者から評価されるだけでは不十分で、「自分はよい仕事をした」という誇りこそが自己を肯定し、自己を信頼することに繋がるといった。「私」がつくった成果物は二重写しの「私」の姿である。だからこそ、まずはそれに真剣に取り組み、相応の努力をし、最終的にその取り組んだ自分にOKを出すことが必要なのである。

学びのプレゼンテーション

ハイ・テック・ハイでは、プロジェクト後や期末などに行われるPOL（学びのプレゼンテーション、Presentation of Learning）というプレゼンテーション形式の総括評価がある。POLでは、生徒はプロジェクトの過程でどのようなことを調べたか、考えたか、などのプロセスをポートフォリオ（デジタルとアナログの両方あり）にまとめ、学んだことを総括して、クラスメイトや両親、保護者のいる前で発表する。

・重要だと考える学びのゴールやスキルにどこまで自分は到達したか。
・プロジェクトに関連する文脈・規律のなかで、どのくらい自分は開発され、成長したと感じるか。
・学びのプロセスと態度・習慣はどのようなものだったか。
・取り組んでいるものに対する気持ちや学びの経験はどのようなものだったか。
・使われている教育手法に対するフィット感はどうだったか。
・何について誇りをもっているか。それはなぜか。
・ゴールとネクストステップは考えられているか。

つまり、プロジェクトや探究の過程でしっかりとフィードバックのループを続け、内省を重ねた上で総括的評価に進む。評価というものは最終的には「自分のことを自分の言葉で表現できること」に尽きると私は考えている。そして、その最終的な目的は「私は私であってよい」と思えることではないだろうか。「人はこうあるべき」と上から示され、それに当てはまっているかどうかで評価されることの多い世の中で、今の子どもたちは追い詰められているように見える。だからこそ、「私は私であってよい」と自己信頼に結びつくような評価が増えていってほしいと願っている。

8

探究における協働のデザイン

気づきは執着せず、避けず、責めず、押さえこむことをしません。
それゆえ気づきの観察の光のもとでは、
あらゆる存在がその本性を現すことができるのです。[*93]
ティク・ナット・ハン（禅僧、詩人）

1 教師の協働による単元設計

協働の必要性

探究学習はうまく回るようになると、多くの教員が、どんなに忙しい現場の日常のなかでも、二度と前の授業スタイルには戻りたくなくなると口を揃えて言う。それは、やはり児童・生徒がその子なりに成長し、学びながら生きる喜びを感じていることを教師として実感できるからではないだろうか。一方で、今まで続けてきたスタイルを大きく変えるということは、不安だけではなく、さまざまな痛みや失敗を伴う。上手くいくまで少し時間も必要だ。それでもなお、ちょっとやってみたいと思うのであれば、絶対に外せない条件がある。それは探究学習を設計する仲間をつくることである。

今まで見てきた通り、探究する学びをデザインすることで、カリキュラムをスリム化することは理論上は可能かもしれない。しかし、理論を現実にするには技術も力も時間も必要だ。探究は残念ながら、学習指導要領を読んで一晩寝れば、次の朝にはできるようになっているようなものでもないし、薬を飲んだら突然に閃いて問題が解決するようなものでもない。教師が必死に子どもたちに向き合い、日々の努力と研鑽によって徐々にできるようになっていくものである。

本章では、何か夢のようなノウハウを示せるわけでも、特効薬を差し出せるわけでもないが、探究する学びを教師たちが自らデザインできるためには必ず避けて通れない心の問題、そして協働の問題を取り扱う。

今まで、授業を実践するにあたって、多くの教師は教科書と指導書を頼りにしてきた。各教科書会社は、教科書の単元に合わせ指導書を準備する。そこには、ねらいやその意味、どんな風に授業の導入をしたらいいか、どんな声がけをしたらいいか、その声がけから想定できる児童・生徒たちの反応、評価ポイントが書かれている。こんなテーマで、4人でグループをつくり、20分でワークをすればいいと、使えるワークシートなど一式が揃えられている。懇切丁寧に、ここはあっさりでいいなどのアドバイスまである。こうした指導書のおかげで教師は一人でも授業を設計し、実践することが可能だったのである。

しかし、現行の学習指導要領では各学校が教育課程（カリキュラム）の編成、実施、評価、改善を進める、つまりカリキュラムマネジメントをするように促している。探究学習は雛形があって、そこに穴埋めするような類のものではない。学習単元の総体を構造化したり、学習の転移が起こるような問いやコンセプトを設定して、児童・生徒のモチベーションが下がらないように、短くとも6週間程度、長い場合は1年以上かけて、児童・生徒が主体的に深く学んでいくようにデザインしなければならない。

探究学習が求めることは、これから子どもたちが進む世界に地図などないから、自分で地図を描くことができるような子を育てようということである。本書の冒頭にお伝えした通り、「探究する学び」とはつまるところ、なにか未知のものに出会ったり、困難に直面したときにどうふるまい、どう向き合うかを学ぶことである。教師はそうした旅の先達としての役割が求められている。本来、探究は再現性がないものである。そのときの環境、そのときの子どもたちが発した言葉や問いを捉えて、動的に動いていく。テーマもそのときの社会や技術が変われば、扱うものも当然に変わるべきである。イエナプランの手引きが示すように、私たちは時事を学びの種とすることによって、世界に生き生きと繋がる。そして人生を貫くような問いを目指し、学びを深めていく。こうした学びを欧米では真正（Authentic）と呼ぶが、意味のある学びというものは、常に「今・ここ」の私とあなたと世界とが繋がることを求める。だから、汎用ワークシートや教科書など、時差のあるものを扱うときには注意が必要である。

国際バカロレアにおける協働設計

まず、お伝えしたいのは、間違っても一人で取り組もうとしないことである。大掛かりなことを求められているのに、いきなり一人で30人以上の生徒を相手に実践しようとしたら、すぐに破綻する。授業計画において協働設計（Collaborative Planning）が、国際バカロレア、イエナプラン、米国プロジェクト型学習、日本の生活・総合学習すべてに共通しているのは故なしとしない。教師間のコラボレーションがなければ、とてもではないが探究の単元設計はできない、というのは世界の常識である。

例として、国際バカロレアにおける協働設計の様子を簡単に紹介する。たとえば、国際バカロレアの初等教育プログラムを導入する場合、一つの探究単元の期間は自由に学校側で決められるが、1単元6週間とした場合、学校によっては、週に8〜10コマ、合計50時間を超えることもある。1学年に複数の学級があった場合、担任の個性と児童・生徒の実態によって、同じ単元でもさまざまな特性ある学級ができてくる。そうしたときにその探究の単元開始前のデザインと、各学級の調整、授業進行における伴走役を担うPYPコーディネーターという専門の役割がある。こうしたコーディネーターは国際バカロレア認定校では、専門職として学校に1名配置されるべきとされている。PYPコーディネーターは、その国の学習スタンダード、つまり日本でいえば学習指導要領を睨みながら、その内容を探究の単元に組み替えていく、カリキュラムマネジメントの専門職である。

PYPコーディネーターは、国際バカロレア認定校での教室実践、もしくはそれに準じた経験のあることが求められる。認定校であっても、多くの教師は、はじめの3、4年は指導やサポートを受けながらカリキュラムをつくって実践するだけでも苦労するという。もし日本で同じようなことをするとしたら、小中校であれば、市区町村レベルの教育委員会がこうした機能をもつことも考えなければならないかもしれない。

また、国際バカロレアのディプロマ・プログラムでは、コア科目である「知の理論」は全教員が理解することを求められており、科目ごとに作成されている指導の手引きにはそれぞれのユニットごとに「知識に関する問い」の例が挙げられている。たとえば、物理の力学分野では「科学者は直観をどのように利用するのか」が挙げられているが、「知の理論」の時間では「知識の形成において、直観はどのような役割を果たすのか」「専門家が用いる直観はどのような役割を果たすのか」などより一般化されたかたちの問いをもとに、議論を行う。こうして、知識に関する問いを軸として教師協働が自然に実践できる仕組みが用意されている。

教科横断のカリキュラム設計における協働

米国ハイ・テック・ハイでも、やはり一人でプロジェクトの単元を決めるようなことは決してしない。ミドルスクール以上では、50名程度が1クラスとなっており、人文系の教師と理数系の教師の2名がそのクラスを担当する。そして、学習指導要領にあたる米国学習スタンダードを見ながら、協働でプロジェクト設計を行っていく。そこに専科教員である美術や音楽、演劇、映像編集、マルチメディア／テクノロジーなどを担当する教員がプロジェクトの内容に沿ったかたちで参画し、最終的な発表の表現について一緒に考えていく。

興味深いのが、人文系と理数系の教師がペアになって、設計するところである。文理両方の要素が入った教科横断のプロジェクトが作りやすくなり、離れた分野に興味をもつ2人が協働設計することで、知らないことに対して謙虚になりお互いを尊重しやすく、プロジェクトの幅も広がってくるという優れた仕掛けだ。

ハイ・テック・ハイの学びがテーマとなった映画「Most Likely to Succeed」で紹介されていた中学校3年生のプロジェクトのテーマは「文明」だった。生徒たちは、ローマやマヤなどの古代文明をチームで調べ、文明の興亡における理論を打ち立てて、レーザーカッターを使った歯車のアート作品として発表することを求められた。文明史の担当をするのは人文の教師、作品はエンジニアリングと物理が専門の教師が担当し、トルクや角速度などの知識を指導した。

さらに、長野県伊那小学校における教師の協働も興味深い。同じ学年(4クラス前後)の先生が(ときには)朝から晩まで一緒に過ごす学年研という組織があり、自分のクラスのことだけでなく、同僚のクラスのことも含め、伊那小の総合活動を考えていくのである。さまざまな子どもたちがいろいろなことを感じているなかで、最終的にチャボを飼うのかやぎを飼うのかということを、みんなが頭を寄せ合って考える。

学習指導要領に示された内容が子どもたちに求める活動と直接結びつかないケースも当然ある。そのようなときに、総合活動と教科学習を無理に結びつけることはしないという基本路線はもちつつも、日々起きる出来事のなかで具体的な方針がじっくりと話し合われていく。学年研の部屋では次第に愚痴も聞き合う、喧嘩もする、プライベートなこともすべて話す関係になっていくそうだ。

こうして、すべての教師が「はじめに子どもありき」の姿勢を保つとき、それぞれの教師の個性がむしろ発揮されていく。伊那小に来たばかりのときは批判ばかりしていた教師がその後研究の中核に入っていく、というのはしばしばあることだそうだ。面白いのが、夏休みになると新任職員が「伊那小を斬る！」という場が設けられ、これではいけないのではないか、などと発表するような機会もあることだ。こうした「はじめに子どもありき」に集約していくような教師間の対話、そして信頼関係の構築が伊那小学校の特徴である。

こうして見ていくと、一口に協働設計といっても、学びの切り口によってさまざまであることがわかる。国際バカロレアのようにフレームワークやカリキュラムの設計が明確な場合は、経験豊富な専門職がまだ慣れていない教師の現場をサポートしたり、背後にある問いの仕掛けで自然に教師が繋がっていくようになっている。ハイ・テック・ハイは、決まったフレームワークもなく、教師の自主性が尊重されるため、むしろ複数の担任が一つのクラスを見るような組織設計がされている。一方で、伊那小学校は、生活・総合学習の実践の歴史が長いため、「子どもの目線に立つ」ということを徹底して突き詰めていく。いずれにしても、一人で探究の単元をデザインするなどということはない。

2 協働の場をつくる社会性と情動の学習

いい学校の雰囲気

このように、教員間の協働は、探究学習、プロジェクトの設計には必須である。しかし問題はどうやったらこのようなコラボレーションの文化を学校内に形成していくことができるか、である。実際に、ある実践がその教室を担当する教師の範囲を超えることは難しく、環境が変わると探究の学びを止めなくてはならなくなることも多い。たとえば、一つの学級しかない学年でのびのびとプロジェクトの単元を設計していた教師が、複数の学級がある学年を担当すると、管理職から横並びで同じ授業をするように、と指示が出ることはしばしばある。保護者から「なぜあのクラスだけ違うんですか」と問い合わせがくることもあるだろう。ある実践がある特定の教室でできたところで、その実践のノウハウがほかの教師に伝わらず、理解されなければ、その学校には何も残らないことになる。結果として学校文化として探究が根づかない。

さまざまな学校を訪問し、はっきりといえることは、よい実践をしているといわれている学校は間違いなく、学校内の雰囲気がいいことである。生徒は騒いだり、ふざけたりしていない。変な自己主張をせず、落ち着いていて、かつ幸せそうである。また、教師があちらこちらで声をかけあったり、廊下などで談笑している学校では、授業を見てもその後のディスカッションに入っても、よい対話ができている。こうした学校文化を支える雰囲気はどのように醸成していけばいいのだろうか。

今、世界的に「社会性と情動の学習[*94]（SEL：Social Emotional Learning）」の重要性が認識されている。OECDでは、社会性と情動のスキルに対するサーベイが進められ、2021年9月に初の国際的調査の報告書が出た。[*95]同報告書においては世界10地域3000名の10歳、15歳の生徒から集めたデータが分析されており、社会的・情動的スキルが学校における成績の強力な予測因子であることや、心理的な幸福と強い相関をもつことが確認された。また、米国では、CASEL（Collaborative for Academic, Social, and Emotional Learning）、EASEL（The Economical Approaches to Social Emotional Learning）などの団体がSELに関する研究をしつつ、学校における実践普及、政策提言を行っている。

こうした流れを受け、2021年、LCL本科に加えて、SELを集中して学ぶ7カ月間のプログラム「Schools for Excellence」を開始した。本章においては、このプログラムの内容を中心に説明する。ちなみに「Schools for Excellence」を受講後にLCL本科を受講したり、逆にLCL本科を受講後にSELを学ぶメンバーも多い。

CASELによる5領域

米国の公立校、チャータースクールや私学などでもSELは軒並み採用されている。2018年に米国の西海岸の先端校を複数視察したときには、すべての学校が何らかのかたちでSELを取り入れ、大きな柱として据えていた。50年以上の歴史をもつカリフォルニア州にあるヌエバ・スクールは、教育省や州などからさまざまな賞を受賞しているが、SELを極めて重要に取り扱っている（ヌエバ・スクールは先に述べたデザイン思考のIDEOの創業者であり、スタンフォード大学のdスクールの創設者で、SELのパイオニアとしてもよく知られているデイビッド・ケリー教授が深く関わり、そのカリキュラムにはデザイン思考が取り入れられている）。ハイ・テック・ハイではSELという言葉は使わないが、実質的にその考え方がカリキュラムとして導入されている。そして、教師たちは口を揃えて、SELとプロジェクト型学習は、両輪で回さなければ意味がないと言う。

CASELによると、「（SELは）教育と人の発達における統合的な領域であり、すべての若者と大人が、健全なアイデンティティを育み、自身の感情を適切に取り扱い、個人と集団の目標を達成し、他者の感情を深く感じ取り、支え合う関係を築き、維持し、責任のある思いやりのある決定をするための知識・技能・態度を獲得し、応用するプロセス」とされ、5領域が設定されている。

1. Self-awareness（自己への気づき）
成長するマインドセット、楽観性、自己肯定感をもちつつ、自分の強み、弱み、およびその限界を知る。

2. Self-management（自己のマネジメント）
ゴールを決定し、達成するにあたって効果的にストレスや衝動、モチベーションを制御する。

3. Social awareness（社会的な気づき）
多様な文化や背景をもつ人たちも含め、他の人の視点を理解し、共感・共鳴する能力。

4. Relationship skills（関係構築のスキル）
わかりやすくコミュニケーションをとり、人の話をよく聞き、ほかの人と協働し、不適切な社会的圧力を否定し、必要に応じて建設的に紛争を解決し、他者を助けるスキル。

5. Responsible decision-making（意思決定への責任）

社会的な規範や、安全性、倫理規定に則り、個人の行動や社会との関係について建設的な選択を行うこと。

この5領域にCASELは順番をつけていないが、本書においては説明のために便宜的に番号を振っておく。いずれにしてもこのフレームワークはイエナプランの3つのコア・クオリティ、佐藤学氏の「学びの三位一体論」ときれいに結びつき、わかりやすい。こうした3つの学びの関係性を軸に、CASELの5領域を当てはめると、以下のように説明できる。[※]

A. 自分自身との関係

CASELの1「自己への気づき」、2の「自己のマネジメント」が対応する。成長するマインドセット、楽観性、自己肯定感をもちつつ、自分の強み、弱み、およびその限界を知りつつ、ゴールを決定し、達成するにあたって効果的にストレスや衝動、モチベーションを制御する方法を学んでいく。

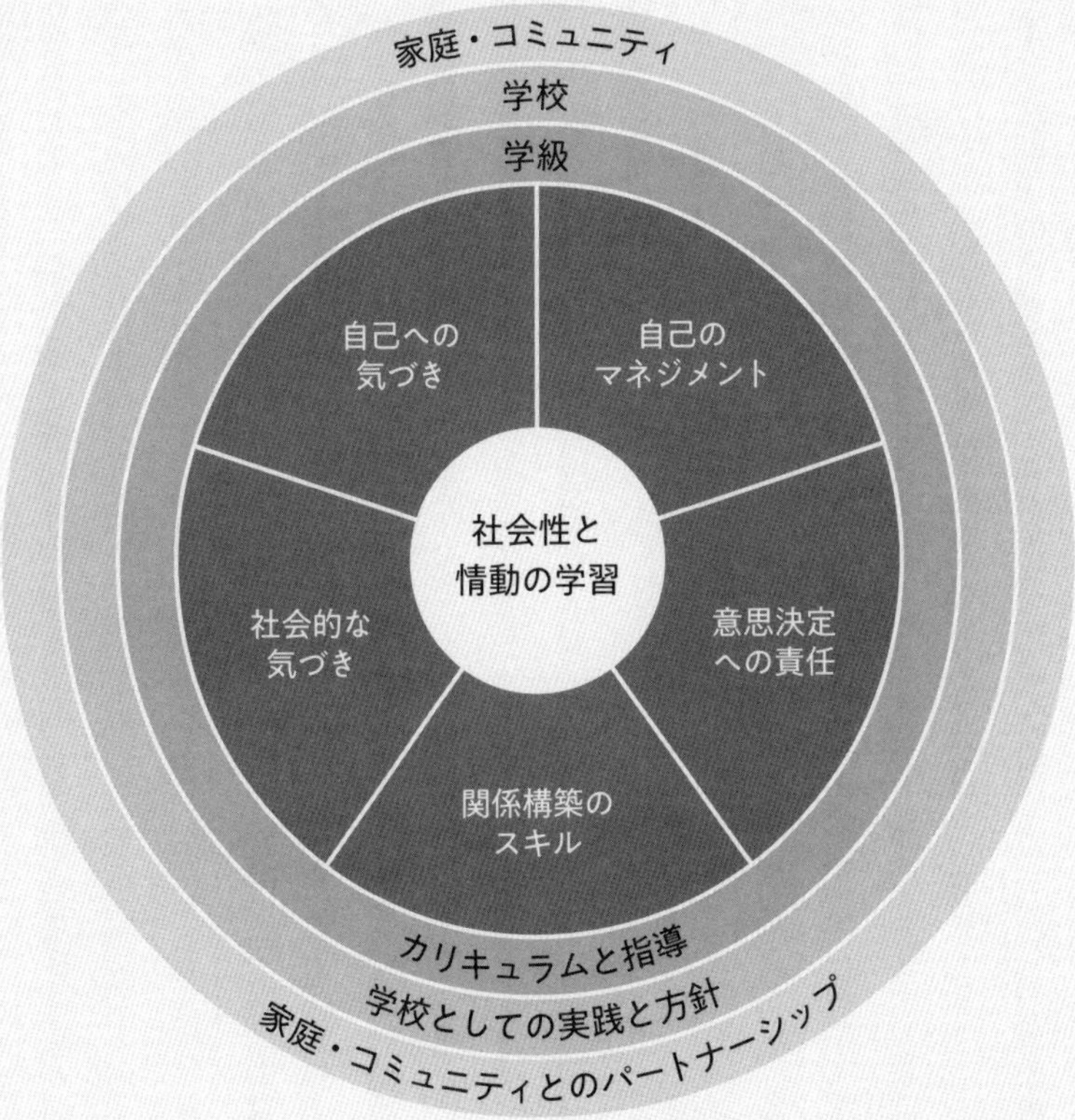

Core SEL Competencies, CASEL より筆者作成

B. 他者との関係

CASELの3「社会的な気づき」と4「関係構築のスキル」が対応する。身近な人たちのみならず、多様な文化や背景をもつ人たちも含め、他の人の視点を理解し、共感・共鳴する能力を育みながら、わかりやすくコミュニケーションをとり、人の話をよく聞けるようにする。また、ほかの人と協働し、不適切な社会的圧力を否定し、必要に応じて建設的に紛争を解決し、他者を助ける。

C. 世界との関係

CASELの5「意思決定への責任」が対応する。社会的な規範（Norm）や、安全性、倫理に則り、個人の行動や社会との関係について、アクションとして建設的な選択を行えるようにしていく。

3 他者の感情を深く感じ取り、支え合う

エンパシー（共感）の役割

ここまで、教師の間の協働の必要性とその具体的な方法の事例を簡単に示した。ま

た、そうした協働がコミュニティ・学校・学級レベルで実現されるために、SELが国際的にも注目され、研究によるエビデンスも出てきて、採用する学校が増えてきている状況を紹介した。また、SELが、大人も子どももすべての人が健全なアイデンティティを育み、自己の感情を適切に取り扱い、他者の感情を深く感じ取り、支え合う関係を築くことを目的としていることを述べた。ここで、もう少しSELについて深く見ていきたい。

まず、SELの目的の一つである「他者の感情を深く感じ取り、支え合う」と関連して、エンパシー（Empathy 共感）という言葉を聞くことはあるだろうか。エンパシーとは、頭だけで相手の感情や言葉を理解するだけではなく、自分が相手の立場であったらどのように感じるのか、どのように考えるのかまでを想像すること、またその理解や想像が表出され、アクションに結びつくことまでを求める。一般にシンパシー（同情）は自ら湧き上がってくる感情であるのに対し、エンパシーは適切なトレーニングによって開発が可能であると考えられている。

米国の心理学者ダニエル・ゴールマンとポール・エクマンは、エンパシーには、3つの種類があるとした。「認知的共感（Cognitive Empathy）」「感情的共感（Emotional/Affective Empathy）」「思いやりのある共感（Compassionate Empathy）」である。認知的共感は、たとえば、教室で友達が泣いているときにその理由を知ろうとすることである。それで、ぺットが死んだとか、お父さんとお母さんが喧嘩したなどの事情がわかるかもしれない。その友達の置かれた状況に想像を巡らせて考えることを認知的共感という。次に、その友達の辛さや痛みを自分ごととして、同じように感じることができることが感情的共感となる。最後に「思いやりのある共感」によって、そっとしておいてあげるのか、寄り添ってあげるのか、一緒に問題を解決するのかを考え、自ら行動を起こす。

こうしたことは言うのは簡単だが、実際にできるかどうかはまったく別問題だ。「人に優しくしましょう」「思いやりをもって接しましょう」と言って、みんながそうできるのであれば、誰も苦労しない。そうではなく、具体的に自らの感情に気づき、他者の感情を言葉だけではなく、身体的な感覚を伴って理解し、適切なアクションを起こせるようになることが、「エンパシー（共感）」を育てる、ということである。

SEL導入のための仕組みづくり

2015年に告示された「特別の教科 道徳」では、小学校で学年によって19から22の項目、中学校で22の項目が示されている。そこではたとえば「誠実に、明るい心で生活をすること」「より高い目標をたて、希望と勇気をもち、困難があってもくじけずに努力して物事をやり抜くこと」「正義と公平さを重んじ、誰に対しても公平に接し、差別や偏見のない社会の実現に努めること」などが書かれている。それぞれの項目は正しいことが書かれている。しかし、こうしたことは教えられてできるものなのだろうか。

SELでは、そのようなときに、人に向かって何か行動を起こすように教師から指導したり仕向けたりするのではなく、まず「自己への気づき（Self-Awareness）」からスタートする。ここが、一般的な道徳との大きな違いかもしれない。しかも、そのなかでも特に感情、ネガティブな感情や自身の弱さに目を向ける。

私たちは日常生活のなかで常に感情に振り回されている。ポジティブな感情が出ているときには、人にも優しくできるし、勉強もはかどる。問題は「寂しい」「悲しい」「腹立たしい」などというネガティブな感情が湧き上がってきたときである。社会を不穏にし、不安定にするのはそうしたネガティブな感情である。だからこそ、そうした自分の負の感情を感じ、認め、取り扱う方法をまず学ぶのである。

ところで、一般論として、日本人は感情の表出が苦手といわれている。「明るく楽しく元気よく」などという標語もあるが、そうしたふるまいを演じることで、実は疲れている子も多いのではないだろうか。

以前、小学生向けの探究のプログラムをつくっていたときに、チャイルド・ライフ・スペシャリストという、重い病気があり、手術や長期入院など苦しい経験をしなければならない子どもたちに心理・社会的支援を提供する専門職の方たちから興味深い話を聞いたことがある。

彼らは、日本では米国で学んだことがそのまま使えないと言う。米国では手術や辛い処置の前に子どもたちに話しかけると「こういう処置が辛い」「こういうことはいやだ」と教えてくれるのに、日本の子は「大丈夫」「なんでもない」という反応になってしまうそうだ。SELではたとえば、そうした辛いことを目の前にしたときに、子ども一人ひとりが弱い自己に気づき、自分の負の感情に応答し、必要に応じて助けを求めることができるように、また周りの人たちがそういう求めに応答できるような環境を整えるように促していく。

たとえば、SELを導入している小学校の多くは、クラスの棚などにさまざまな表情をしたたくさんのぬいぐるみが置いてある。これは朝の時間、サークルになって座り、自分の感情に近いぬいぐるみを持ってきて、自分の感情について話すことに使われる。たとえば、悲しい顔をしたぬいぐるみを膝に抱いて「せっかく作った課題の作品を落として壊してしまった」と話してもいいし、怒った顔のぬいぐるみで「きょうだいと喧嘩をした」と話しても構わない。もちろんニコニコのぬいぐるみを持ち「お母さんに褒められた」と喜びを伝えてもいい。

今まで学校では、子どもたちはさまざまな悩みや感情を抱えたまま、それを表出することなく授業に突入し、心が安定しないまま一日を過ごすことが多かったかもしれない。そうして溜まっていった感情が、ある日爆発したり、友達や教師への攻撃として出てしまうこともある。そうなる前に、自分の感情を受け取り、上手に表現し、そうすることで人を助けたり、助けを求められるようにトレーニングしていくのである。

SELの「自己への気づき」はまさにこうしたことに対し、学校にしっかりと時間をとるように求めている。人の感情に共感する前に、まず自分の感情をきちんと確認し、認めることを一番大切にしている。そして、その気づきがベースとなり、「自己のマネジメント」に取り組んでいく。「怒っている」「悲しんでいる」「体調が悪い」などのネガティブな意識をしっかりと感じ取れたら、自分で自分自身に対し「あなたは怒っているんだね」「あなたは悲しいんだね」と声をかけられるようにしていく。自分の感情を意識し、その感情に振り回されないような心の状態を保てるようになると、人のこともより大切にすることができるようになる。

4 さまざまなSELの手法

自分の感情に自覚的になるためのNVC

こうして、自身の感情を取り扱いながら、他者の感情も読み取り、良質なコミュニケーションをとっていく手法で、企業や学校現場への普及が進んでいるものがある。NVC（Nonviolent Communication）というもので、非暴力コミュニケーションと直訳されるが、本書ではNVCで統一する。NVCは米国の臨床心理学者マーシャル・B・ローゼンバーグ（1934-2015）によって体系化され提唱された、自分の内と外に平和をつくるプロセスである。ガンジー（1869-1948）の非暴力の活動にヒントを得て、過酷な状況に置かれてもなお人間らしくあり続ける言葉とコミュニケーションのスキルを開発したという。

NVCは家族や友人から国際関係まで、あらゆる人間関係を、支配や対立、緊張、依存ではなく、自由で思いやりにあふれ、お互いを豊かにし合う関係へと変えることを目指す。頭で判断・批判・分析・取引するのではなく、自分自身と相手の心の声に耳を傾けて、今の感情・ニーズ（自分が必要としていること）をクリアにすることで、エンパシー（共感）を伴って他者と心から繋がることに主眼を置く。

NVC活動家のミキ・カシュタン氏（BayNVCの共同創設者）によるとNVCでは私たちの言動、行動は基本的にニーズを満たす試みであり、ニーズが満たされたり、満たされないことで感情が起きると捉える。NVCでは、こうした世界観を前提として、他者や自分と思いやりのある与え合いが可能になるような繋がりを生み出すことを目的とする。実際のNVCの演習では「観察」「感情」「ニーズ」「リクエスト」という

4要素を使い、話し手がまず話したときに聞き手が傾聴の態度でジャッジせずにただ聴くということをした上で、話し手から受け取った感情、そしてその奥に隠れているニーズについて伝える（興味をもたれた方は、マーシャル・B・ローゼンバーグ氏の著作『「わかりあえない」を越える』などが邦訳され、ワークで使う感情やニーズのリストも掲載されているのでぜひ参考にされたい）。

私たちは常に出来事に対し、無意識のうちに反応し、感情に振り回され、自分を責めたり、他者を責めたりする。しかし、そうではなく、自分の感情に自覚的になり、隠れたニーズに気がついて、必要な行動をとるような癖をつけていく。すべての人には思いやりが備わっていて、自分自身としっかり繋がることが平和への一番の近道であると考え、感情のうちにある見えないニーズをお互いに満たしていくNVCは子どもに受け入れられやすいものである。

自己を受け入れ、他者を受容するフォーラム

そして、NVCに慣れ、深く聴いたり、自分のニーズを意識することができ、他者を受容する感覚がつかめてきたら、フォーラムといって、参加者が円になって深く話をする場を設定するとよい。SELのフレームワークでいえば、自己への気づき、自己のマネジメントに慣れたところで、社会的な気づき、関係構築のスキルに入ってい

くイメージである。フォーラムでは、深く聴くことによって自分自身との繫がり、他者との繫がりを確認していくことができる。

フォーラムにはさまざまな方法があるが、ここでは、米国西海岸のSEL先端校の一つであるミレニアム・スクールの方法を紹介する。[*97] 一般的な流れは以下の通り。

〈スケジュール（約1時間15分）、人数10〜20名程度〉

10分：マインドフルネス、チェックイン
5分：近況報告（一人ひとり、ごく簡単に）
45分：シェアリング・気づき・探究
15分：クロージング・感謝

これだけでは、一般的な対話とあまり変わらないように見えるが、フォーラムでは、ファシリテーターのあり方が極めて重要視されているところが特徴である。ファシリテーターは落ち着いており、自分のニーズを意識することができ、他者を受容する感覚がつかめている状態になっている必要がある。静かに生徒の言葉に耳を傾け、深い学びに誘うファシリテーターの静謐《せいひつ》な姿が、生徒の模範となっていく。実施する場所も集中できるように場を少し暗くしたり、その場に入るときには無言で入る、入ったときにはお茶をふるまうなどの工夫が奨励されている。

またフォーラムの導入時は、1分程度でもいいので静かに呼吸をしたり、自身の身体と精神に意識的になる時間をとるようにする。基本的なセッティングが終わったら、参加者全員が一人ずつ1分から長くとも5分程度で、学校や家庭、友人のことなどの近況を、感情の高ぶりや落ち込みにフォーカスし、話をする。その人が話しているときには、ほかの参加者は、言葉だけではなくその身体の動きや心の動きを読み取るように集中して聴く。大事なことは、正直に自分の深いところから話をしようと試みることと、全員がその話者に対して、深く聴こうとするその態度である。セッションの最後に参加者はそれぞれ、この場から何を学んだかを述べて感謝して終了する。

フォーラムは、自らの感情に意識的であり、人の感情を受け取ろうという基本的な態度を基盤として、静かに話す場を設定する。深い感情の側面に入り込んでいくため、話の内容が家庭内暴力、宗教、性的指向や性自認（SOGI：Sexual Orientation & Gender Identity）、身近な人の死、恋人との別れなどに及ぶこともしばしばある。よって、話されたことは秘密として外に出さない、ということが必ず約束される。実際に私がコ・ファシリテーターとして参画するときには2回に1回くらいの確率で話し手が泣き始め、サークルの何人かがつられて泣き始めるようなことが起きる。もちろん、話したくないことは話さなくて構わない。

フォーラムでは自らの「弱さ（Vulnerability）」を見つめ、弱さで人と繫がっていくことが奨励される。人は、深く聴いてもらえることで、偽らずに話すようになる。自分のフレームで見ていたものが崩され、自分のバイアスに気づけるようになってくると、フォーラムの価値はさらに上がってくる。話者は、受け取ってもらえる安心感から、普段語れないことをつい語ってしまうことがしばしばある。そうして、なかなか表出できなかった自らの弱さを表出し、受け取ってもらうことで、むしろ自身のなかにある勇気やエネルギーの存在に気づいていく。まさに受容と気づきの時間である。

ミレニアム・スクールを立ち上げたクリス・バーム氏は、思春期の若者は俳優がさまざまな役を試すように、自分にぴったりするのがどんな役柄か、さまざまな場面でさまざまなキャラクターを演じてみる必要があるという。他人を傷つけない範囲で多様なアイデンティティを試すことができればできるほど、子どもはより早く、より健やかに成長できる。たとえば、自分の性的指向や性自認が定まらない生徒がいた場合、本来はいろいろなアイデンティティが試されるべきである。それなのに、多様な性的アイデンティティを認めず、差別的な態度を許す文化が学校にあると、その生徒は自分のアイデンティティを探究することに臆病になる。そういう環境は不健全であるといわざるをえない。

子どもたちはさまざまな負のレッテルを貼られてしまうことがある。そして、常に同じ役を演じることを押しつけられる。そうではなく、彼らに新しい役を試すチャンスが与えられるべきだろう。生徒のアイデンティティの自由がどの程度確保されているかが学校の健全性に直結するとクリス・バームは明言する。*98

自分の中心を確認し、生きる喜びを味わうマインドフルネス

最後に、NVCやフォーラムを支える基盤となる取り組みとしてマインドフルネスを紹介する。マインドフルネスは、仏教の瞑想に由来する。本来は悟りに近づくための実践とされていたものをベトナム人の禅僧であるティク・ナット・ハン（1926–2022）らがマインドフルネスとして欧米諸国に広めた。ティク・ナット・ハンはマインドフルネスを「今この瞬間に生きている喜びをしっかりと味わうこと」だとした。座禅を組むだけではなく、歩いているときも、食べているときも、横たわっているときも、すべての行為に意識を注ぐことができ、そこで感じたことをしっかりと味わい、共有するように説いた。ティク・ナット・ハンがフランスやタイに設立した瞑想センター「プラム・ヴィレッジ」には以下のような唄がある。

In, Out, Deep, Slow
Calm, Ease, Smile, Release

Present moment, Wonderful moment.
（入る、出てゆく、深い、ゆっくり／静か、安らぎ、ほほえむ、手放す／今このとき、素晴らしい、このとき）

ＳＥＬの５つの要素の筆頭は「自己への気づき（Self-awareness）」だった。「自己への気づき」というのは、簡単なようで簡単ではない。私たちは常にさまざまな感情にとりまかれている。ちょっとした心無い言葉によって苛立ったり、何かをなくして残念な気持ちになったりする。こうして、常にさまざまな感情にふりまわされていると、なかなか自己への気づきなどに意識が向かない。

そういったときに、呼吸を整えると、自分に訪れるさまざまな感情や思考の奥に、自分の軸や中心を感覚として感じ取れるようになってくる。顕在意識からすっと潜在意識に向かっていくように、心と身体を鎮めていく。ただ、学校におけるマインドフルネスは、悟りに向かうための修行ではないので、あまり難しく考えず、少し静かにして、呼吸に意識を向ける程度で十分である。小学校低学年などで落ち着いて座れない子は横になって構わない。子どもがそこで眠ってしまってもいい。

そんなこともあって、私たちのＳＥＬのプログラムではマインドフルネスを「静かな時間」と呼ぶようにしている。大袈裟に考えずに気楽に日常的に取り入れてもらいたいからである。みんなが疲れているな、ざわざわしているな、と感じるときには、2、3分目を閉じて呼吸を整えるだけで十分である。短時間ですっきりするので、かえってその後のディスカッションが穏やか、かつ活発になる。ぜひ試してほしい。

SELは、つまるところ「私」に戻る取り組みである。静かでフラットな気分の「私」がわかること、そうした自己への気づきをベースに自己のマネジメントができるようになり、社会的な気づきや関係構築ができるようになる。自己への気づきがないまま、他者や社会と正常には繋がれない。一方で「私は何者か」と言葉で問うたところで、こんがらがってしまう。だから少しだけ静かにして、今・ここにある「私」を感じ取るということは、理にかなった自己への気づきの方法となるのである。

SEL成功の鍵は継続性

SELという言葉の定義は推進団体によって違い、世界統一のプログラムのようなものはない。ところで、私たちのSELのプログラム「Schools for Excellence」では、ティク・ナット・ハンが設立したフランスやタイにある瞑想センター「プラム・ヴィレッジ」のリトリートに定期的に参加し、マインドフルネスを長年実践されている、かえつ有明中・高等学校の副校長である佐野和之先生、そして佐野先生とNVCやフォーラムを活用して学校改革をしてきた金井達亮《たつあき》先生と一緒に実施している。また、理論面ではCASELをベースとし、SELの専門家でOECDディレクターのアンドレアス・シュライヒャーのもとでリサーチを担当し、世界銀行で各国政府へのSEL導入をしてきた宮本晃司さんに日本文化に合わせたSELのプログラムのあり方についてコメントをもらっている。

マインドフルネス、NVC、フォーラムとカタカナ言葉ばかり出てくるとうんざりしてしまいそうだし、学校で瞑想やら人が涙を流す場なんて気持ち悪いと思う人がいるかもしれない。しかし、江戸時代の儒者は、知識だけではなく、生き方を門人に示した。明治時代に『武士道』を著し、札幌農学校の教授、第一高等学校（現・東京大学教養学部）の校長、東京帝国大学教授を経て、東京女子大学を設立した新渡戸稲造は、必ず数分の黙祈をもって授業に臨んだという。フォーラムに見られるような、深く観て聴くことによって、自分自身の苦しみの本質を理解し、恐れを乗り越えつつ他者の内にある苦しみを理解するようなプロセスはまさに慈悲の心である。むしろ仏教になじみが深い私たちが、心が落ち着かないまま学校でも家庭でも長い時間を過ごし、勉強ばかりしていることは、非常に残念なことではないだろうか。

なお、SELの導入は中途半端にやってしまっては、負担ばかりで効果がないことがわかっている。CASELも、SELは大人からまず始めるべきであり、学校改革は3～5年のスパンで考えてほしいとしている。ダニエル・ゴールマンは、うまくいっているSELの学校プログラムに以下のような共通要素があると指摘する。[*99]

・1回限りの授業ではなく、何年も継続している。
・生徒の理解力の成長に合わせながら、数学年にまたがってベースとなる授業を繰り返している。
・学校は安心できる居場所であり、コミュニティだということを強調している。
・家庭にもはたらきかけている。

マインドフルネスにせよ、NVCにせよ、まずはやってみて定期的に実践を続けていくことが大切である。この領域は誰でも初心者なので、うまくなってからなどと思うとなかなか始められない。マインドフルネスなどがどうしても気恥ずかしくてできないという場合は、プロジェクトの実践の前に5分でもよいので、小さなグループになって雑談をする時間をとるだけでも、メンバーの雰囲気は劇的によくなる。

一見無駄に見える時間だが、その効果は計りしれない。こうした取り組みは協働を必要とするプロジェクト型学習、探究学習の成否を分けるといっても過言ではない。

9

探究の究極の目的

限りなく透明に凜として生きる。
佐藤初女（福祉活動家）*100

1 何のための探究か

生きた知識

今まで、協働する探究の設計、評価、環境のつくり方について述べてきた。最後に「探究は究極には何のためにするのか」という一番大事な問いについて考えていきたい。

私がリン・エリクソンを通じ、「概念型カリキュラム」に出会った当初にはあまり意識できていなかったことがある。それは「探究はどこに向かうのか」ということだった。当初は知識教授型の授業では自分自身が楽しく学べなかった、歴史の年号も覚えたし、さまざまな人物の名前も記憶したのに、すっかり忘れてしまって意味がないという後悔のほうが大きかったのである。大学受験のときには「粉々プラッシーの瓶」という語呂合わせで、プラッシーの戦いの年号を覚えたのはいいが、もはや1757年なのか、1575年なのか、誰と誰が戦ったのかも、場所も覚えていない。あの苦痛な時間は一体何だったのだろうか。

小学校のときには梃子《てこ》の計算を何のためにやっているのかわからず早々に落ちこぼれ、理科が大嫌いになってしまった。数学はまだよかったが、微分・積分もベクトルも数列も解き方をとりあえず覚えて公式に当てはめていただけで、何の意味があるのかまったくわからなかった。だから、米国の大学院時代にミクロ経済学を履修し、3以上から無限の数の財を扱う関数の計算で、微分・積分を解こうとする際にベクトルと数列と微分・積分がすべて繋がっていることを知ったときは、本当に驚いた。同時にそこで生まれてはじめて数学が面白いと思ったのである。

一方で、社会人になってからの学びは、経験として身についているという実感があった。大学を卒業してはじめに就いた仕事は銀行員だったが、決算書の読み方をある程度覚えたら、担当の企業に出向いていって経営者に話を聞き、工場の設備や在庫、帳簿を確認する。自ら身体を動かし、自ら問い、情報を集めながら決算書を読んでいくことで、決算書の数字は無味乾燥なものではなくなる。経営者の喜びや悲しみ、怒りを共にすることで、企業経営というものがだんだん身体的にわかってきた。

メーカーに勤めていたときには、技術に関する単語など何も知らないままプロジェクトに放り込まれ、はじめは会議でも「てにをは」しか聞き取れなかったが、出てきた言葉をこっそりとメモにとり、あとで調べるということを続けるうちに、パソコンやさまざまな機器のハードウエア、ソフトウエアの構造やインターネットの仕組み、特許の仕組み、資本提携、企業戦略がだんだんわかってきた。共同技術開発や資本提携などにおいては、エンジニアがどんな気持ちで日々仕事をしているのかを理解し、契約を締結するための基本的な法務・財務の知識も自然に身についていった。海外との提携が仕事だったので、英語での交渉や文書作成にも次第に慣れていく。

そうやってプロジェクトのなかで、身体と心を動かしながら学ぶと、まさに自分のなかで自ずと知識の構造ができてくる。そして、一旦自らが構築した知識の構造は簡単には崩れない。また、さまざまなビジネス交渉のなかでだんだんに「伝える力」がついてきて、クライアントの信用も得られるようになっていく。こうして自ら獲得した力は、応用も利く。法務と財務と技術の知識はある場面ではバラバラでも、違った場面では密接に結びつく。身体で覚えているから、新しい局面に遭遇したときに、いつでも取り出せて、自分の世界が広がる。まさにこういう知識を「生きた知識」というのだろう。

先に述べたように、ブルーナーは「特殊な項目や技能を、ある知識の領域のより包括的な基本構造のなかでそれらが占める文脈上の位置を明らかにしないで教えるのは不経済である」と言った。なぜこれを記憶するのか、なぜこれを学ばなければならないのかと問うことも許されないまま、教室に座り、授業を聞き、テストを受ける繰り返しは辛いし、まさに不経済なものだった。社会が大きく変革するなかで、自分の子どももこんな学びを繰り返すのだろうか、とモヤモヤしていたときに、エリクソンの「知識の構造」を知ったのである。

善い探究・悪い探究

概念を使って、知識を効率よく組み立て、経済的に学ぶという意味での探究は先に述べたので、ここでは繰り返さない。本章で伝えたいのは、探究のもう一つの意味である。

小学生向けの探究のプログラムをスタートした当初、社会人としての個人的な経験から、今の社会に触れ、人に触れながら、実体験を通じて、知識やさまざまな非認知の力がついていけばそれでよいと思っていた。そして、そういう経験を積み重ねれば、社会人になってからも楽しく仕事ができるだろうくらいに考えていたのである。しかし、そのうちふと疑問に思うようになってきた。探究は何をやってもいいわけではない。泥棒の探究もあれば戦争の探究もある。核兵器の開発をするときにも人は探究するし、クローンベビーをつくってみたいと思うときも、そうである。

つまり、探究にはより善いものとより悪いものがあるのではないか、とぼんやりと考え始めたのである。ビジネスの世界にいると、所属している組織だけが勝てばよいという局面にしばしば出くわす。勝つために競合に負けない力強いプロジェクトを生成することが求められる。その際に優れたコンセプトと巻き込み力は必須である。

しかし、そこに倫理というものは必要最低限しか介在していなかった。たとえば、事業を推進することによって廃棄物が出たり、経済格差が広がるなどの二次的な影響が出ても、それが社会的な制裁を受けるものでない限り、企業はあまり真剣にとりあわない。競合他社に仕事を取られてはならないから、洗いざらいこちらの手の内を明かすようなこともしない。国連で採択されたＳＤＧｓ（持続可能な開発目標）なども真正な取り組みをする企業がある一方で、義務としてやっていたり、プロモーションとして捉えている企業もあるのが現実である。

しかし、そういった社会はほかでもない私たちがつくってきたものだ。人間がつくるものである限り、社会はいつでも不完全である。だからこそ、社会・経済的な格差の問題や、人権、平和、環境というような問題に真摯《しんし》にかつ積極的に関わるような探究が増えてこないと、この世界は決してよくなってはいかないのではないか。逆にいえば、自らの利益だけを求め、社会のなかでより知識を効率的に獲得し、他者よりも秀でていくためだけの探究というものは一体何なのだろう、と思い始めたのである。

よく起業家などが「学校は時代遅れだ」「学校など要らない」と言う。また、学校教育にビジネスが介入する場合、こうすればビジネスで成功しますよ、VUCA時代を泳ぎ切り食べていけますよ、という「勝つための探究」を子どもたちに教えることもある。しかし、この効率と競争の成れの果てが、人間性が疎外された冷たい社会だったのではなかっただろうか。

探究は、私が企業で経験したように、クライアントの信用を得たり、プロジェクトを成功させるためにも確かに有用である。有用というよりは、いいプロジェクトをつくれるかどうかは死活問題である。総合型選抜の大学受験にも役に立つだろう。しかし、探究はそこにとどまってはならない。仮にそこで終わってしまったとしたら、2400年前に「探究」という言葉を使ったプラトンもアリストテレスも泣くだろう。そんな思いが日に日に高まっていったのである。

2　公正を目指す探究

すべての元にある「公正」という理念

そんなときに、米国ハイ・テック・ハイの「公正」を中心軸に据えた学校カリキュラムの存在を知った。第2章で紹介したように、ハイ・テック・ハイは、米国カリフォルニア州サンディエゴにある公立チャータースクールで、メキシコの国境に近く、生徒の半分近くがヒスパニックといって、もともとスペイン語を喋る家庭からきている。また、給食費の免除を何らかのかたちで受けている児童の割合も4割程度。そうした学校が「誰もが、人種や性別や、性的な意識や、身体的、もしくは認知的能力にかかわらず、同じように価値ある人間だと感じることができること」を目指すべく、「公正」という一つの言葉を中心軸に評価や学校経営、学級経営、プロジェクト型学習（PBL）のすべてを設計したのである。

ハイ・テック・ハイは決してブルーナーのいうように学びの経済性のためにプロジェクト型学習を採用したとはいわない。彼らは公正の実現のためにプロジェクト型学習が一番よいかたちなのではないかという仮説をもって、学校カリキュラムを形成しているのである。

ところで、公正（Equity）という言葉は、ここ数年でＳＥＬでも中心的に扱われるキーワードとなっている。次頁の絵でいうと、平等（Equality）というのはどんな人であっても「同じ」ものを与える、ということ。それに対して、公正（Equity）というのは、人はそれぞれ違うのだから、その違いに応じて、「同じ結果」となるように導く、ということである。つまり背の高い人も低い人も同じ箱を置くのが平等で、背が低いならほかと釣り合いのとれる高い箱を置いてあげるのが公正となる。

ハイ・テック・ハイでは、入学者選考にあたって、学力テストで評価するのではなく、人種や家庭の経済状況、ジェンダーなど、できるだけ多様なバックグラウンドをもつ子どもたちを積極的に学校に迎え入れることを入学のポリシーとしている。さらに、多様な考え方や経験をしている子どもたちが集まり、お互いにチームで学び合うことこそが大きな価値をもつ、ということを教員全員が理念として共有している。学力別のクラス分けなどはされておらず、みんな一緒にプロジェクトに携わる。プロジェクトにおいて、同じ場にいる一人ひとりの人間が、それぞれの個性を自覚し、その能力を発揮し、その場にいていい、と感じられる、社会の基盤になるような学校をみんなでつくり上げていくのである。

イラスト：細川貂々

批評の力

ハイ・テック・ハイは、そうした「公正」を支えるために、批評（Critique）というプロセスを採用している。子どもたちは、作品を仕上げる過程で、グループでお互いの作品の批評をするが、小学生の頃から「KIND（親切に）」「SPECIFIC（具体的に）」「HELPFUL（助けになる）」な批評ができるように学んでいく。美しいもの、最高のものにしようというエクセレンスへのこだわりと、「人間性の育成」「公正」の両立の実現が彼らの根幹の思想である。批評は「公正」という目標を実現するために日々重ねられる営みであり、態度の醸成であり、必要不可欠の要素となっている。

たとえば、彼らはプロジェクトの生成過程で、クラスにできたプロジェクトチームがペアになって、それぞれのチームの課題や葛藤を話し合う「プロジェクト・チューニング」という時間をしばしばもつ。仮にAチームとBチームがペアになったとすると、Aチームはそのプロジェクトの現状や過程を説明するだけではなく、葛藤についてもBチームに伝える。

例として、家を作るプロジェクトをしていたとする。そのとき、Aチームはうまくいっていることの自慢ではなく、「塗料がうまく塗れない」「ドアの建て付けが悪くグラグラする」というような課題をBチームに伝える。そうすると、Bチームは「こういう塗料があるよ」「地域の大工でドアの建て付けのアドバイスをできそうな人を知っているから紹介するよ」「僕がやり方を知っているから教えてあげるよ」などとAチームにとって助けになるようなことを伝える。まさに「KIND（親切に）」「SPECIFIC（具体的に）」「HELPFUL（助けになる）」なアドバイス（批評）を積み重ねていくことで、弱さ（Vulnerability）をきっかけに優しい関係性を自然に作っていくのである。

こうした実践は同時に、多くの生徒がいるクラスで教師がすべての児童・生徒に目配りしなければならないというプレッシャーから教師を解放する。もし、教師が一人ひとりに対して、ドアの建て付けから始まり、さまざまなアドバイスをしているようでは、とてもではないが仕事は回らない。生徒一人ひとりが、実際のやりとりをベースとした批評というプロセスを通じて、思いやりを育み、今までだったら教師がやっていたような励ましを生徒同士でできるようにしていくのである。

日本の学校は伝統的に教師個人の職人的な技能を高めることに注目が集まるが、このように全体的な仕組みとして生徒同士でアドバイスをし合ったり、認め合うことができたほうが、いいはずである。ハイ・テック・ハイは、まさにこのようなかたちで公正の感度を育んでいく。ハイ・テック・ハイのカリキュラムは「公正」を軸にきれいに紡がれ、プロジェクト型学習の設計、評価、教師教育、学校・学級マネジメントのすべての領域において、「公正」で説明ができるようになっているのが特徴である。

3 教育が目指すべき究極の目標を見据える

平和の希求

究極の学びの目標を高いところに置いているのは、ハイ・テック・ハイだけではない。国際バカロレアが最上位の概念として設定したのは「平和」だった。第2章でご紹介した通り、国際バカロレアは、2度にわたる世界大戦への深い反省とともに、一国主義教育ではなく、世界平和に寄与する人材の育成を目指して発足している。

実際に国際バカロレアの歴史教育、そして「知の理論」などすべての教科は平和への希求で貫かれている。「知の理論」の授業では、生徒たちは提示されている知識に関する問いのなかから一つを選んだ上で、発表する。その一部を紹介する。

・世界についての知識を生産する際に、想像はどのような役割を果たすか。
・エビデンスが適切かどうかを、私たちはどのように判断できるのか。
・知識のどのような特徴が、その信頼性に影響するのか。
・現在の知識は、知識の歴史的発展によってどのようにかたちづくられているか。
・知識、信念、意見の3つを私たちはどのように区別できるか。

・知識の伝播や伝達にはどのような課題が伴うのか。
・価値観は、知識の生産にどのように影響するか。
・知識によっては、倫理的な理由から追究されるべきでないものがあるのだろうか。

これらを見てもわかる通り、「知の理論」では知のあり方が問われている。いつ何時私たちの国はプロパガンダに覆われ、何が本当のことかわからなくなってしまうかもしれない。ロシアによるウクライナ侵攻は、自衛の名のもとに行われた。こうした身に迫る深刻な危機感を国際バカロレアは、50年以上もち続けているのである。

先に述べたように、イエナプランの創始者ペーター・ペーターゼンも弟がナチス・ドイツ軍の中枢にいたことが負い目となり、2度と戦争を起こさないためには教育を変える必要があると決意した。モンテッソーリは1936年、ブリュッセルのヨーロッパ平和会議で「紛争を解決するのは政治の仕事ですし、平和を建設するのは教育の仕事です」と訴えた。新教育を支えた教育者たちは第一次大戦に至る不穏な空気から戦後にかけて、心から平和を望み、そのために教育が果たす役割を訴え続けた。

こうした公正や平和の概念が教育の究極の目標とされてきたのは、新教育に始まったものではない。究極の目標をなんらかの活動の中核に置くという習慣は、西洋の思想や社会の歴史を振り返ると絶えず根底で大切にされてきているように思う。

プラトンの弟子アリストテレスは、「人間にとっての善は徳に基づく魂の活動」だとし、徳に具体的な活動が伴うことで最高善になるとした。さらに、美しい行為に快さを感じない人は善き人ではなく、私たちの幸福は「最善の諸活動」のうちに現れるとした。*101 これらの考え方は大事なもので、現代の教育にもリアリティをもっている。

アリストテレスは、政治学がもっとも配慮しているのは、市民を「善い市民」、つまり「美しいことを為しうる人々」にすることだという。*102 だとすると、私たちは戦争や貧困、差別といったどんな過酷な状況でも善を想い、現状を善い方向へ進めていく活動をなしているときに幸福だと感じるような人を育てていかなければならないのではないだろうか。

つまり「戦争に勝つための探究」をしているときに違和感を抱き、人助けをしようとしているときにこそ幸せを感じるように人を育てていかなければならない。政治、社会と教育はとても近いところにあるといつも思う。

自分なりの見方・考え方で社会を変える

今、自ら学ぶようにベクトルを変えよ、教育は変わらねばならないといわれている。探究学習はその延長線上にあるが、そのなかでも社会改造主義の考え方は私たちに多くの示唆を与えてくれる。

社会改造主義における学習者像は、一人ひとりの子どもたちは社会をよりよい方向に変革させるチェンジメーカーたりえると考える。そして知識は社会改革のために獲得するものであるとする。つまり、社会は完璧ではないことを前提に、自分の知識を疑うことを通して、社会のあり方を洞察し、積極的にはたらきかけ、世の中を改善していけるような子どもを育てていこうとするのである。

イエナプランの20の原則に「どの人も文化の担い手として、また文化の改革者として受け入れられ、できる限りそれに応じて待遇され、話しかけられなければなりません」という言葉がある。この原則はまさに、社会改革者の自由を保証する文言である。ジョン・スチュアート・ミル（1806-73）は『自由論』のなかで、言論の自由こそが、反論と反対意見によって人の思考を成長させ、社会を前進させる、と述べた。残念ながら社会は常に不完全で、その時代における多数派は、往々にして少数派を無視し、弱者を抑圧するものである。社会が公正のバランスを崩すときに、その不調和と歪みを正していく機能が教育に求められるのではないだろうか。

社会に不満を抱きながらも、無意識に迎合し、社会に飲まれたような状態で生きる人が増える状態をミルは「凡庸さが人類にとって支配的となるとき、不寛容と停滞を生む」といった。そうではなく、いざというときに、自らの知識を問い、善き社会が何かと考え、おかしいと思ったら声を上げられる力強さをもつために学びは機能しなければならない。世の中に流通するメインストリームとしての「見方・考え方」に無批判に従属するのではなく、それらをクリティカルに捉え、自らの「見方・考え方」を大切にし、よりよい社会をつくり上げていきたいものである。

本当の意味での共同体をつくる

ジョン・デューイは「共同体」と教育の関係性について考えた。共同体の構成員は、工場労働者のように目的を与えられ、機械的に働くだけではない。それぞれが目的の更新に興味をもち、自分たちの活動を主体的に調整してはじめて「本当の意味での共同体」が生成される。そして、その活動を支えるのが「通信（コミュニケーション）」である。「コミュニケーション」によって私たちは、態度や行動を変容させる。リアルな人との交流だけではなく、本や手紙、インターネットによっても私たちの経験はさらに広がる。こうして時空を超えた人たちと「共に生活する」過程そのものこそが「教育」であり、健全で動的な共同体を支える根幹だとデューイは考えた。*103

デューイが「望ましくない社会」と考えたのは、私たちの経験の自由な交流や伝達を妨げる社会だった。私たちの社会は、十分な交流伝達がなされ、物理的な距離にかかわらず共に生活するなかでお互いの経験を共有し、自身も他者も経験を拡大される教育的な営みによって、サステイナブルに変化していく「民主的な社会」にならねばならないとした。[104] しかし今、世界はさまざまな分断に満ちている。現代のSNSのフィルターバブルのような問題は、デューイの危惧したコミュニケーション機能不全の様相を呈しているようだ。

競馬のレースでは、馬がブリンカーという目隠しをされて走る。馬は草食動物でもともと臆病なので、いろいろなものが見えると怖くて走れなくなったり、集中できなくなるため、ブリンカーが必要になる。決められたコースをひた走りに走るには、余計なコミュニケーションなど遮断されたほうがいいのである。私たちはそれと同じことを子どもたちに強いてはいないだろうか。

残念ながら学校の多くは、そうした社会構造を打破するのではなく、むしろそれに従順な人材を育成することに終始しているように見える。まさにインゴルドのいう、目的が定まった、最短距離を走らせる輸送型ネットワークの考え方である。

しかし、国家成長のための直線的な人材育成というモデルは、そろそろ本気で疑われてもいいのではないだろうか。そのためには、子どもたちからブリンカーを外し、適切な活動ができるように自由にしなければならない。

正義と国家と教育は密接に絡まっている

1949年にノーベル物理学賞を受けた湯川秀樹（1907-81）と哲学者の梅原猛

（1925-2019）が興味深いやりとりをしている。梅原は、地球全体の将来を真摯に考えることを妨げるのが直線の思想、つまりあたかもスピードの出た止まらぬ汽車に乗り、それを文明や善であるかのごとく考えることだと批判した。それに対し、湯川が「できることでもやらぬということ、これが私はこれからの問題だと思う」と応答した。もう50年前の対話である。現状はどれだけ変わったのだろうか。[*105]

知識は社会を変え、人の助けとなるものでなければならない。人間性を含めた、本当の意味での「公正／正義」「自由」「福祉」「平和」という、高次の学びを追求し続けなければならないのではないだろうか。

私がとても好きな日本人に、東大の総長も務めた政治学者の南原繁（1889-1974）がいる。彼は著書『国家と宗教』でプラトンのイデアの世界と国家、そして正義と教育が密接に絡まっていることを説き、以下のように言った。[*106]

プラトンにおける「正義」が（略）もろもろの階級間の全体としての秩序と調和において成り立つ徳であり、これによって市民はおのおの能力の差異に応じて国家的全体の中に、それぞれの生活の意味と目的とを受け取るところの、成員相互と国家全体との間の生の有機体的統一関係である。（略）すなわち正義は世界創造の力（である）。

第二次大戦後、教育の自由主義化を求めるGHQの要請を受けた米国教育使節団に対応するためにできた日本側の教育家委員会の委員長に任命された南原は、米国に協力しつつも、日本の教育に関する独自の改革案をまとめ上げた。吉田内閣下の教育刷新委員会の委員長として、教育勅語に代わる「教育基本法」「学校教育法」の制定、義務教育の実施など、戦後日本の教育の骨格をつくるにあたって極めて重要な役割を担った。

現行、「教育基本法」の前文は以下のようになっている。

我々日本国民は、たゆまぬ努力によって築いてきた民主的で文化的な国家を更に発展させるとともに、世界の平和と人類の福祉の向上に貢献することを願うものである。

我々は、この理想を実現するため、個人の尊厳を重んじ、真理と正義を希求し、公共の精神を尊び、豊かな人間性と創造性を備えた人間の育成を期するとともに、伝統を継承し、新しい文化の創造を目指す教育を推進する。

南原が深く関わった昭和22（1947）年の教育基本法は、2006年に改正されたが、未だ南原の思想は深く息づいている。南原は「正義によって、市民はおのおのの能力の差異に応じて国家的全体の中に、それぞれの生活の意味と目的とを受け取る」と言及した。つまり、この世に「何の能力ももたない人は誰一人としていないし、逆にすべての能力をもつ人もいない」ということである。

しかし、2006年の教育基本法は上述の社会改造主義の考え方からすると、後退するような内容となった。たとえば、「普遍的にしてしかも個性ゆたかな文化の創造をめざす教育」という文言は「伝統を継承し、新しい文化の創造を目指す教育」と変更されている。伝統と普遍のどちらがより大きな概念かということは、明白だ。こうしたことを自由に対話できるような学校、そして社会を先人たちは望んできたはずではないだろうか。

「徳は教えられるのか」という問いに対する探究は今も続いている。その究極の目的のために、私たち一人ひとりがどうあらねばならないのか、何をすべきなのか。そのようなことをみんなで考え続けることが今、求められているように思う。

あとがき

今から17年ほど前、私は大きな会社を辞めた。その3年ほど前にはせっかく授かった子をお腹の中で亡くしてしまっていた。手術後にひどく体調を崩したが少し持ち直したところだった。当時、テクノロジー企業で一眼レフカメラの新規事業の立ち上げの事業部におり、慣れない仕事で毎日のように終電に間に合うように走って帰宅していた。ただ、体調はまだまだ万全ではないから、へとへとだったように思う。

安定したその会社を辞めようと決めたときのことは今でもよく覚えている。その日、些細なことで、いつも一緒に仕事をしていた同僚と喧嘩をした。ちなみにその同僚はさまざまなことを知らずに四苦八苦する私をずっと助けてくれていた人で、彼が悪いわけではない。ただ、その日の深夜に大きなオフィスに一人残って仕事をしていたときに、ふと「もう、辞めよう」と思ったのである。

少し時間を遡ると、手術後は1年以上出血が止まらず、痛い痛いと思っているうちにいつの間にか眠り、まだ暗いうちに痛みで目が覚めていた。会社でも更衣室で横になって眠ったり、床にひざまずきトイレの便器にうつ伏せになって仮眠をとることもしばしばだった。病院ではこれといった診断がつかなかった。そのようなときに食べるものを変えたことがきっかけで、私の身体は徐々に回復に向かい始めた。新しい部署にも異動した。そんな頃の話である。

当時はそんな自覚はなかったが、今、思い返してみるとそのときに私ははじめて「止まらない列車」を降りたように思う。次の職場も決めていなかったから、収入はもちろんのこと、なんの肩書きもなくなった。失業保険をもらってふらふらと過ごし始めた。自分を救ってくれた「食べ物」に少し興味をもったので、知人の八百屋でアルバイトをさせてもらったり、食に関する勉強をしたりとのんびり過ごしていた。

そんなときに、当時、東京・表参道にあったクレヨンハウス（2022年に吉祥寺に移転）という子どものための本やおもちゃ、オーガニック商品などを扱う店の地下にあるオーガニックレストランでランチを一人で食べた。その先にあったパン屋がめあてだったので、たまたま通りかかっただけである。そうしたら、食べ物が身体に沁みるように美味しい。ふと壁をみると「バイト募集」の張り紙がある。そこで早速、履歴書を書いたのである。

結果は不採用。冷静に考えてみれば、すでに30歳も過ぎており、飲食業の経験は皆無。レストランの給仕にはどう考えても不要な学歴や職歴がずらずらと並ぶ履歴書を送ったところで、落ちるのは当然である。しかし、なぜかどうしてもここで働いてみたいと思い、無理を言って採用してもらった。

確かに給仕の仕事は大変だった。体力も必要だし、機転も必要である。結果として採用担当者の判断は正しく、大した貢献もできなかった。しかしここでのアルバイトが今に繋がる。表参道のクレヨンハウスの3Fには、大人の女性向けの書籍販売のコーナーがあり、シュタイナー、モンテッソーリ、フレネなどの教育の本が置いてあったのである。さらに、2Fにはシュタイナー教育の現場で使われているおもちゃや絵の具、クレヨンなどが置いてあった。仕事が終わったあと、私はそれらの本を立ち読みし、時には購入し、おもちゃを眺めて過ごした。

実は私は最初の子を亡くしたあと、さらに2回立て続けに流産している。身近で私のことを知る人は、体調の悪さも含めて、誰も私がもう子どもを産めるとは思っていなかったように思う。そんな状態で、教育の本を読んだり、乳幼児のおもちゃを眺めて過ごすということは、我ながら自虐的な行為だと苦笑していた。しかし、それが私にとって、教育との最初の出会いとなる。

それまで、少なくとも傍目には順調な人生だった。行きたいと思うような大学に行って、働いてみたいと思う職場で働いた。しかし同時に自分が何者かなどという問いは忘れ、一旦得てしまったステータスをどうしたら失わずにすむのか、怯えて過ごすようになった。30代に入ってそろそろ子どもでも、と思ったときには当然のように計画的な出産を考えた。思い通りの時期に妊娠し、保育園入園に最適な時期に出産し、1年ほど子育てをしたら会社にいいポジションで復帰したい。

しかし、肝心の子どもはどれだけ待っても授からない。そして、もう無理と諦めかけた頃にやっと授かった子を失い、健康まで失ったのである。流産も続き、最終的には仕事も収入も失ってしまった。17年前といえば、女性が体調を崩してキャリアトラックを降りた場合、同等の仕事に戻れる目処はまったくなかった。家族が支えてくれていたのだから本当はそんなことはなかったのだが、一挙にすべてを失ったような気がして、ただただ呆然としていた。

それまで、私の人生はまさにネットワーク型だった。10年単位でゴールを想定し、マイルストーンを設定し、そこに向かって最短距離を走る。多少の修正や変更はもちろんあるが、いわゆるゴールフリーという生き方は怖くてとてもできるものではなかった。もともとはバックパッカーをするようなタイプだったのに、そんなこともすっかり忘れ、社会的ステータスを保持し、十分な収入を得ることばかりを考えるようになっていた。

しかし、「止まらない列車」を降りた、というよりは半ば強制的に降ろされたことによって、私の歩き方が根本的に変わった。何かを目指すというよりは、向こうからやってくるものに目を留め、それを受け容れることになったのである。もちろん数カ月やせいぜい1年という単位では、大雑把とはいえプランをするが、それ以上の大きなスパンのものは、計画しない。むしろ向こうからやってくる大事なものを受けとめられるように十分な余白を空けておくことだけを意識している。

事業としても、よく驚かれるが基本的に中期計画は立てないし、年間の計画も極めて緩くしか決めていない。仕事としては予算管理も中期計画も事業立案のシミュレーションもさんざんやってきたので、技術的には可能であるが、まったくやっていない。小さな事業体だからできるというところもあるが、そもそも事業を拡大しようなどとは思っていない。そうやって歩いていると、不思議な話であるが、わらしべ長者のように必要なものが必要なだけ、必要なタイミングで入ってくるような感覚がある。

今の社会・教育は窮屈だと思う。なぜかを問う間もないまま、止まらない列車に乗せられ、降りるというオプションを与えられない。一旦乗ってしまうと、乗客としてあれをやれこれをやれと言われ続ける。それに耐えきれずに降りてしまうと社会の落伍者としての烙印を押される。一方で、「あなたは止まらない列車に乗る権利はありません」と乗る前からその辺にほうっておかれる人もいる。

止まらない列車に乗っている乗客の顔はのっぺらぼうである。最短距離を走ろうとせず、寄り道ばかりする子どもは怒られる。ミヒャエル・エンデの童話『モモ』では、人の時間を奪う灰色の男たちが出てくる。「時間を節約すると、きみの生活は幸せに豊かになる」と囁く。

それでも、ここ100年くらいは「止まらない列車」に乗ることで、生活が保証されたり、夜や長期の休みのときには列車を降りて、人間らしい時間を過ごすことも可能だっただろう。しかし、現代の「止まらない列車」は一体どこに行こうとしているのだろうか。行き先はVUCAと呼ばれる、変動性が高く、不確実で複雑で曖昧な世界だろうか。だとしたら、私たちは一体何を準備しようとしているのだろうか。

冒頭より、「探究」とは何か未知のものに出会ったときに、どうふるまい、どう向き合うかを学ぶことではないだろうか、と伝えてきた。しかし、「探究」ということを考えたときに、私がとても気になるのが、子どもたちを「探究」という名のついた別の列車に乗せるように教育することである。あたかも「探究」がよい職業に就くための道具のように扱われ、短い時間で最大の効果を上げるようなプレッシャーに晒される。子どもたちも教師も一向に楽にならない。そもそも「列車に乗る」ということと「探究」は実は矛盾しているのだから、混乱させられたままである。そんなヘンテコな列車に乗るくらいなら、乗らないほうがいいとすら思う。

私たちは、もうどこに向かうともわからない列車を降りて、羅針盤と必要なものだけナップサックに入れて、徒歩旅行をスタートすることはできないだろうか。もしくはそういった時間をもつことはできないだろうか。そしてその羅針盤の示す先は、公正なのかもしれないし、自由なのかもしれないし、幸福なのかもしれない。

一度列車を降りてしまった私の経験からいうと、それはそれで悪くない世界が待っている。もちろんどんな猛獣が待ち構えているかはわからないし、どんな助っ人に出会うかもわからない。海で溺れるかもしれないし、病気になるかもしれない。だから、武器は持っておくべきであるが、すべての武器を一人が持つ必要はない。そんなことよりも、必要なときに助けてくれる人が近くにいたり、困った人がいたら自らの武器を持って助けることができるほうがよほど重要である。多様な人たちが支えあって、一緒に歩いていく世界である。

本書は冒頭に述べたように、私のこの10年を振り返るものである。幸いにもクレヨンハウスの仕事を辞めてしばらくして授かった娘は、中学3年生となった。当時の私が今の私を見たら、驚くだろう。一つだけ確実にいえることは、17年前、あの止まらない列車を降りていなければ、絶対に今の私ではないということだ。

思えば、こたえのない学校を設立してから、本当に多くの人にお世話になってきた。

一緒に学校を立ち上げた林正愛さんがいなければ早々に心が折れていたと思う。こたえのない学校がまだよちよち歩きだった頃は、東京コミュニティスクールの創立者久保一之さんにさまざまな相談をした。同校の校長だった「おっちゃん」こと市川力さんからも常にインスピレーションをいただいている。ホームページもない頃から国際バカロレア日本大使の坪谷郁子さんは公私共に私を励ましてくださる。子どものための探究のプログラムに参画してくださった講師のみなさんや、参加してくれた小学生やその保護者のみなさんにも育てていただいた。

その他、第2章でご紹介したLCLで講師となっていただいている岡山理科大学教育学部教授ダッタ・シャミ先生、「概念型のカリキュラムと指導」公認トレーナー秋吉梨恵子さん、立教大学文学部教授の河野哲也先生、NPO法人こども哲学おとな哲学アーダコーダ理事の清水将吾さん、日本初のイエナプランスクールである大日向小学校の設立に尽力された中川綾さん、大日向小学校教員の原田友美さん、ハイ・テック・ハイのジョン・サントス先生、信濃教育会会長の武田育夫先生たちからも常に学ばせていただいている。講師のみなさまにはそれぞれのパートについて事前に目を通していただき、フィードバックやコメントをいただいた。深くお礼申し上げたい。

また、全員の名前を挙げられないことが歯痒いが、そのほかにもデジタルハリウッド大学大学院教授・学長補佐の佐藤昌宏先生、小金井市教育委員会教育長の大熊雅士先生、Creative Project Base の倉成英俊さんをはじめとしてクリエイティブの領域で先端を走る方たちなど、ＬＣＬは多くのゲスト講師に支えられてきた。そして何より軽井沢風越学園の岩瀬直樹先生がいなければ、そもそもＬＣＬはスタートしなかった。当時今よりもさらに無名だった私のＬＣＬの提案を見て「面白いよ！　これすぐやろうよ！」と言ってくださってアドバイザリーについてくださったのが岩瀬さんだ。

さらに、Schools for Excellence のプログラムを一緒にやっているかえつ有明中・高等学校の佐野和之先生、金井達亮先生、ＬＣＬ全般のチームビルディングとファシリテーションをずっと一緒にやってきている寺中祥吾さんからはそれまで無縁だった、場や心を整えるということを学んでいる。また今回、章立てして記載することはなかったが、カリキュラム工作室というカリキュラムマネジメントの講座、そして哲学登山という教育哲学に関する本を協同で探究するプログラムでお世話になっている上智大学共同研究員の桐田敬介さんから得た知見は大きい。私が古典や哲学書を楽しんで読めるのは桐田さんのおかげである。

その他、本書においては何よりも、Learning Creators' Lab のメンバー（本科だけではなくすべてのプログラム）のみなさんに感謝を捧げたい。学校現場や地域社会、家庭などさまざまな場所で教育、そして探究というものに真剣に向き合い、貪欲に学ぶ姿、そして実践から私こそが学ばせてもらっている。さまざまな側面で支えてくれるこたえのない学校のスタッフたち、ＬＣＬの運営を例年お願いしている歴代の東京学芸大学教職大学院の学生さんたちにも感謝する。

そして、この本の企画・編集では、前作の『「探究」する学びをつくる』と同様、平凡社の吉田真美さん、木村企画室の木村隆司さんにお世話になっている。装幀も前回同様、文京図案室さんにお願いできるのもとても嬉しい。

最後に、目の前にいる娘だけでなく、この世に生まれ出ることのできなかった子たちも一緒に私を今の仕事に誘ってくれたのではないかと思うことがある。1年半ほど前、重度の障害のある子どもたちをもつ保護者の方たちとＦＯＸプロジェクトという、インクルーシブ教育のプロジェクトをスタートした。そのキーとなるのはもちろん探究学習である。何も知らなかった私にありとあらゆることを教えてくれる世界の〝すべての〟子どもたちに心からの感謝を捧げたいと思う。

２０２３年　初春

藤原さと

註

はじめに

＊1　プラトン、藤沢令夫訳『メノン』70頁、岩波文庫、１９９４年（探求を探究と変更した）
＊2　ティム・インゴルド、工藤晋訳、管啓次郎解説『ラインズ』39頁、左右社、２０１４年
＊3　『ラインズ』20頁
＊4　エドワード・W・サイード、大橋洋一訳『知識人とは何か』１３６頁、平凡社、１９９８年（本文では「狭量な専門的観点」とあるが、少しきつい表現のため「専門的観点」と書き換えた）

1　探究の歴史

＊5　レヴィ＝ストロース、川田順造訳『悲しき熱帯Ⅰ』57頁、中公クラシックス
＊6　「探究」に相当するギリシャ語「ゼテーシス（zētēsis）」は、「探す、探し求める、探究する、探求する」ということを表す代表的な動詞。アリストテレス『ニコマコス倫理学』光文社新訳文庫の翻訳者渡辺邦夫先生に直接確認。
＊7　田中美知太郎『ソフィスト』「第５章 その時代」ほか、講談社学術文庫、２０２２年。曽我雅比児「西洋教育史概説」岡山理科大学紀要 第55号 B（２０１９）
＊8　『メノン』70－１１８頁　ここで使われている「探求」も同じく「ゼテーシス（zētēsis）」であり、アリストテレスも影響を受けているとのこと。渡辺邦夫先生に直接確認。
＊9　阿部謹也『大学論』11頁、日本エディタースクール出版部、１９９９年
＊10　大川洋「エラスムスの『子どもの教育について』（１５２９年）の成立に関する研究」87頁、国立国会図書館デジタルコレクション。「幼年期の子どもたちは、彼らを残酷さによって怖がらせる代わりに、愛情の表現によって引き付ける教師に委ねなければなりません。ある種の知識は、子どもたちにとって愉快で楽しいものなので、それらを吸収することは、勉強というよりも遊びなのです」
＊11　ルソー、今野一雄訳『エミール（上）』27頁、岩波文庫、１９６２年
＊12　ペスタロッチー、長田新訳『隠者の夕暮・シュタンツだより』7－41頁、岩波文庫、１９４９年
＊13　世界新教育学会ホームページおよび岩間浩「ユネスコ・タゴール・モンテッソーリ新教育運動を貫く糸としての神智学」、神尾学編著『未来を開く教育者たち』第1章「コスモスライブラリー」他参照。
＊14　伊藤邦武『プラグマティズム入門』64頁、ちくま新書、２０１６年
＊15　パース、上山春平・山下正男訳『世界の名著48 パース・ジェイムズ・デューイ』61頁「現代論理学の課題――第1章　探究の方法」、中央公論社、１９６８年

＊16 『プラグマティズム入門』76頁。W．ジェイムズ、枡田啓三郎訳『プラグマティズム』196頁「第六講 プラグマティズムの真理観」、岩波文庫、1957年

＊17 上野正道『ジョン・デューイ』37頁、岩波新書、2022年

＊18 佐藤学『米国カリキュラム改造史研究』東京大学出版会、1990年。コース・オブ・スタディ改訂運動については、第三部「公立学校における単元学習の普及と定着」に詳しい。

2 世界のさまざまな探究

＊19 ジェリー・メイヤー、ジョン・P・ホームズ『アインシュタイン150の言葉 新装版』62頁、ディスカヴァー・トゥエンティワン、2019年（「探求」を「探究」に変更）

＊20 文部科学省IB教育推進コンソーシアム。https://ibconsortium.mext.go.jp/about-ib/

＊21 "*What is an IB education?*", IB Baccalaureate（2013年8月発行、2015年6月及び2017年4月改訂の英文原本の日本語版『国際バカロレア（IB）の教育とは?』）. https://ibo.org/about-the-ib/the-ib-by-region/ib-asia-pacific/information-for-schools-in-japan/

＊22 『国際バカロレア（IB）の教育とは?』国際バカロレア機構（Japanese Edition 2017）3頁

＊23 『国際バカロレア（IB）の教育とは?』4頁

＊24 フレーク・フエルトハウズ、ヒューバート・ウィンタース、リヒテルズ直子訳『イエナプラン 共に生きることを学ぶ学校』12頁、ほんの木

＊25 『イエナプラン 共に生きることを学ぶ学校』48頁

＊26 『イエナプラン 共に生きることを学ぶ学校』60頁

＊27 コア・クオリティの説明については『イエナプラン 共に生きることを学ぶ学校』第二章（65-105頁）を参考にまとめた。

＊28 2022年12月20日、大日向小学校グループリーダー原田友美さん、佐藤麻里子さん、福田健さん、稲井咲紀さんとのヒアリングによる。

＊29 新教育の教育者たちはみな中心的なコンセプトを考え、シュタイナーはアントロポゾフィー、モンテッソーリは発達のための教材、パーカスト（ドルトン）の場合は自立性、フレネではグループの子どもたちによる学習内容の決定であるとした。コア・クオリティの説明については『イエナプラン 共に生きることを学ぶ学校』129頁

＊30 『ジョン・デューイ』206-221頁

＊31 こたえのない学校「Learning Creators' Lab 6期」における馬渕勝己先生のプレゼンテーション（2022年5月8日）より。

＊32 こたえのない学校「Learning Creators' Lab 6期」における武田育夫先生（信濃教育会会長）のプレゼンテーション（2022年5月8日）より。

＊33 2021年2月、伊那小を訪問したときに同校からいただいたプレゼン資料。ちなみに、文芸評論家唐木順三は伊那出身であり、信州の教育にも大きな思想的影響を与えている。

＊34 『岩波 哲学・思想辞典』(岩波書店)の「対話」の項参照。

＊35 以下、哲学プラクティスと哲学対話の歴史、子どものための哲学の方法については主に河野哲也編、得居千照・永井玲衣(編集協力)ほか『ゼロからはじめる哲学対話』ひつじ書房、2020年を参照。

＊36 日本哲学プラクティス学会ホームページ。https://philopracticejapan.jp/

＊37 『ゼロからはじめる哲学対話』9－10頁

＊38 翻訳で「探求」という漢字があてられているため、こちらを使用するが、英語のInquiryは共通。

＊39 『ゼロからはじめる哲学対話』24頁

＊40 『ゼロからはじめる哲学対話』36－37頁。なお、2005年の「哲学のためのパリ宣言」では以下のように宣言された。1．すべての個々人は、どんなかたちであっても、また世界中のどこにいても、哲学を自由に学ぶために自分の時間を費やす権利を有するのでなければならない。2．現在、哲学が教授されていないところでは、哲学教育が導入され、かつその教育は明確に「哲学」として企画されなければならない。つまり、道徳や公民(他の国では宗教)というのではなくあくまで「哲学」として導入されるべき、という方針が出されたのである。

＊41 弓野憲一(編著)『世界の創造性教育』2頁、ナカニシヤ出版、2005年

＊42 『世界の創造性教育』3頁、74頁

＊43 市川力、井庭崇『ジェネレーター』学事出版、2022年、第二部に詳しい。

3 協働する探究の構造

＊44 ジョン・デューイ『世界の名著48 パース・ジェイムズ・デューイ』489頁「論理学――Ⅱ探究の構造と判断の構成」、中央公論新社、1968年

＊45 G．ウィギンズ、J．マクタイ、西岡加名恵訳『理解をもたらすカリキュラム設計』1－3頁、日本標準、2012年

＊46 デューイ「論理学」『世界の名著48 パース・ジェイムズ・デューイ』491頁

＊47 デューイ、松野安男訳『民主主義と教育(下)』64頁、岩波文庫、1975年

＊48 オリジナルは、4つの探究のレベルが示され、結果も決定されている「確認としての探究」が含められていたが、こうした探究はデューイの定義によると探究の定義から外れるため、本書においては3つの探究のレベルに変更。

＊49 ヨハン・ホイジンガ、里見元一郎訳『ホモ・ルーデンス』18－19頁、講談社学術文庫、2018年

＊50 ピーター・グレイ、吉田新一郎訳『遊びが学びに欠かせないわけ』築地書館、2018年

＊51　デューイ『民主主義と教育（上）』２００頁「第10章 興味と訓練」、『民主主義と教育（下）』19－24頁
＊52　『民主主義と教育（下）』22頁
＊53　『民主主義と教育（下）』8頁
＊54　ヴィゴツキー、柴田義松訳『思考と言語（新訳版）』２７０－２７９頁、新読書社、２００１年

4　探究における問いのデザイン

＊55　ライナー・マリア・リルケ、高安国世訳『若き詩人への手紙・若き女性への手紙』31頁、新潮文庫、１９５３年より抜粋。
＊56　田口茂『現象学という思考』１２２－１３２頁、筑摩選書、２０１４年
＊57　*Essential Questions : Opening Doors to Student Understanding*, Jay McTighe and Grant Wiggins, Assn for Supervision & Curriculum, 2013に詳しい。なお、日本の教師がわかりやすいように、表現を改変した。
＊58　フレーベル、荒井武訳『人間の教育（上）』12、15頁、岩波文庫。１９６４年の文言を今の日本に即し、宗教的な表現を排除して短く書き換えた。
＊59　*Essential Questions: Opening Doors to Student Understanding.*

5　概念をつかった探究のデザイン

＊60　『思考と言語（新訳版）』２３０頁
＊61　H・リン・エリクソン、ロイス・A・ラニング、レイチェル・フレンチ、遠藤みゆき・ベアード真理子訳『思考する教室をつくる概念型カリキュラムの理論と実践』北大路書房、２０２０年
＊62　OECD (2020), *Curriculum Overload: A Way Forward*, OECD Publishing, Paris.
＊63　『思考する教室をつくる概念型カリキュラムの理論と実践』93－94頁
＊64　『思考する教室をつくる概念型カリキュラムの理論と実践』2－3頁
＊65　J．S．ブルーナー、鈴木祥蔵・佐藤三郎訳『教育の過程』21－22頁、岩波書店、２０１４年
＊66　『教育の過程』40頁
＊67　『教育の過程』28頁
＊68　『教育の過程』40－41頁
＊69　『思考する教室をつくる概念型カリキュラムの理論と実践』38頁。同書においては、ラニングの「プロセスの構造」が付加されている。その理由は、エリクソンの知識の構造が必ずしもすべての教科に対応できるものではなく、語学や美術、体育など特定の教科においては「プロセスの構造」を活用するほうがより適切であることから新しくモデルが追加された。両モデルはお互いを行き来しな

がら、概念理解を深めていくカリキュラムの作成をサポートするが、本書では少し複雑すぎるので扱わない。特に探究カリキュラムをつくり始めたばかりの頃は、総合的な学習／探究の時間の設計にはエリクソンの「知識の構造」の活用だけで十分によい授業をつくることができる。「プロセスの構造」の併用は少し慣れてきた方にお勧めする。

＊70 *Getting the Big Idea: Concept-Based Teaching and Learning* (Originally from Bray 2012 and Erickson 2007, 2008, and 2011)

＊71 橋場満枝、藤原さと「知財教育×探究　キャリア教育における知財　一般社団法人『こたえのない学校』におけるワークショップの報告」パテント2016 Vol. 69に詳しい。

＊72 播磨里江子「AIによる発明評価と知財教育」パテント2021 Vol. 74・No. 7

＊73 2021年3月に闘病の末、逝去されました。本プログラムの説明については、こたえのない学校のプログラム報告（中村さん本人確認済み）より。

6 課題解決による探究のデザイン

＊74 川喜田二郎『ひろばの創造』31頁、中公新書、1977年

＊75 ティム・ブラウン、千葉敏生訳『デザイン思考が世界を変える』9-10頁、早川書房、2019年

＊76 米国High Tech Highで使用されているもの

＊77 『デザイン思考が世界を変える』46頁

＊78 川喜田二郎『発想法 改版』中公新書、2017年、『続・発想法』中公新書、1970年に詳しい

＊79 川喜田二郎はここでKJ法を活用し、意味構造を図解するが、単に記録したメモを見直してもいいし、マインドマップなど他の方法を活用してもまったく問題ない。

7 探究の評価をデザインする

＊80 サン＝テグジュペリ、稲垣直樹訳『星の王子さま』28頁、平凡社ライブラリー、2006年

＊81 2001年のブルームの改訂タキソノミーは、「覚える」「理解する」「応用する」「分析する」「評価する」「創造する」の積み上げになっている。新学習指導要領はこの分類の下3つを「知識および技能」、上3つを「思考力・判断力・表現力」と対応させ、エリクソンの議論を参考にしている（『教職実践演習ワークブック』西岡加名恵、石井英真、川地亜弥子、北原琢也、ミネルヴァ書房、2013年）。なお、リン・エリクソンの研究パートナーであるロイス・A・ラニングは「知識の構造」だけでは学びのすべてを包含しないとして「プロセスの構造」を2012年に発表した。「プロセスの構造」は読解や音楽、体育のように実践すべきプロセス、ストラテジー、スキルが多いものに適している。ただブルームの改訂タキソノミーや「プロセスの構造」は、0→1で新しいものを生み出す非連続で革新的なプロジェクト生成には必ずしもフィットしない側面があるため、本書では「知識の構造」のみを扱うこととした。さらにいうと、現実社会のプロジェクトでは、テクノロジーの基礎知識がない人間でも、プロジェクトの一員としてマーケティングや事業開発に関わ

るようなことが多くある。これはまさに「低次の思考」と「高次の思考」のコラボレーションである。

＊82 白井俊『OECD Education 2030プロジェクトが描く教育の未来』序章、ミネルヴァ書房、２０２０年に詳しい。および“*OECD Future of Education and Skills 2030, Conceptual learning framework*”OECD 2019 参照。

＊83 『OECD Education 2030プロジェクトが描く教育の未来』24-27頁。

＊84 『OECD Education 2030プロジェクトが描く教育の未来』24-27頁。

＊85 『OECD Education 2030プロジェクトが描く教育の未来』70頁。

＊86 石井英真「子供の学びが表出する「場」の設定と教師の役割」令和３年度福岡教育大学附属福岡小学校教育研究発表会

＊87 Grades versus comments: Research on student feedback, Thomas R. Guskey, *Phi Delta Kappan*, 2019.
Seven Keys to Effective Feedback, Grant Wiggins, *Educational Leadership*, 2012 etc.

＊88 藤原さと『「探究」する学びをつくる』44-45頁、平凡社、２０２０年

＊89 佐藤学『カリキュラムの批評』４頁、世織書房、１９９６年。同書によると「カリキュラム」が教育用語として登場したのは、大学の教育内容が国王や教会の統制を受けた宗教革命後の16世紀のことであり、権力の統制に反発した大学が、定められた教育内容のコースを強制的に走らされるという揶揄を込めて「カリキュラム」と呼んだという。しかし、19世紀末の米国において、教育行政の規定する教科課程の大綱を「コース・オブ・スタディ」（学習指導要領）といい、「カリキュラム」は、学校において、教師と子どもが創造する教育経験の総体を意味する言葉となったとのこと。

＊90 マイケル・A・ウェスト、高橋美保訳『チームワークの心理学』東京大学出版会、２０１４年に詳しい。

＊91 ２つめの輪はExpression（表現）、３つめの輪はExposition（発表）。

＊92 『イエナプラン 共に生きることを学ぶ学校』第二章にチェックリストがある。子どもと世界との関係の最終項など、伝わりにくい部分の変更、一部省略など若干の手を加えているため、正確なものは、同書を参照のこと。

8 探究における協働のデザイン

＊93 ティク・ナット・ハン、山端法玄・島田啓介訳『ブッダの〈気づき〉の瞑想』２３４頁、野草社、２０１１年

＊94 Social Emotional は、多くが「社会性と情動」という訳語があてられているが、日本ではまだ黎明期であり、最終的にどのような訳語が流通するかは見えていない。

＊95 *Beyond Academic Learning: First Results from the Survey of Social and Emotional Skills*, OECD 2021.

＊96 ５領域の訳語は本書においては直訳に近いかたちを採用している。小泉令三「社会性と情動の学習（ＳＥＬ）の実施と持続に向けて――アンカーポイント植え込み法の適用」、The Annual of Educational phychology in Japan 2016, Vol.55, 203-217ではそれぞれ、「自己への気づき」「自己のコントロール」「他者への気づき」「対人関係」「責任ある意思決定」と訳出されている。

＊97 2019年ミレニアム・スクールによる日本での研修資料を基本とし、シンプルに改変および要点について記載。Parker J. Palmer *A Hidden Wholeness: The Journey Toward an Undivided Life,* 2009 からの応用。

＊98 Chris Balm "Growing Wiser Blog" April 2016.

＊99 ダニエル・ゴールマン、ピーター・センゲ、井上英之監修・訳『21世紀の教育』「Part1より良い人生のための教育」、ダイヤモンド社、2022年

9 探究の究極の目的

＊100 佐藤初女『限りなく透明に凛として生きる』ダイヤモンド社、2015年

＊101 アリストテレス、渡辺邦夫・立花幸司訳『ニコマコス倫理学（上）』60-69頁、光文社古典新訳文庫、2015年

＊102『ニコマコス倫理学（上）』74頁

＊103『民主主義と教育（上）』18頁

＊104『民主主義と教育（上）』15-18頁、「教育と通信（コミュニケーション）」参照。

＊105 湯川秀樹、市川亀久彌、梅原猛『人間の再発見』50-51頁、角川選書、1971年

＊106 南原繁『国家と宗教』31-35頁、岩波文庫、2014年

藤原さと

一般社団法人こたえのない学校代表理事。慶應義塾大学法学部政治学科卒業。コーネル大学大学院修士（公共政策学）。日本政策金融金庫にて中小企業・新規事業融資に従事後、ソニー（株）本社経営企画管理・戦略部門で、海外企業との共同開発、技術・資本提携等のプロジェクトに携わる。娘の公立保育園の父母会長になったことをきっかけに「探究する学び」に出会い、２０１４年に一般社団法人こたえのない学校を設立。学校教員・民間教育者・ビジネスマンなど教育変革をめざす多様な大人が探究する学び場「Learning Creators' Lab（ＬＣＬ）」を主宰。米国High Tech High、ＭＩＴメディアラボ等の海外教育研修の日本導入にも携わる。著書に『「探究」する学びをつくる』（平凡社）、企画・解説に『子どもの誇りに灯をともす』（英治出版）、共同執筆に『ラクガキのススメ』（あいり出版）がある。

こたえのない学校
https://kotaenonai.org/

協働する探究のデザイン
社会をよくする学びをつくる

２０２３年５月24日　初版第１刷発行
２０２４年４月17日　初版第２刷発行

著者
藤原さと

発行者
下中順平

発行所
株式会社平凡社
〒１０１－００５１
東京都千代田区神田神保町３－29
電話　０３－３２３０－６５９３（編集）
　　　０３－３２３０－６５７３（営業）
平凡社ホームページ　https://www.heibonsha.co.jp/

印刷
株式会社東京印書館

製本
大口製本印刷株式会社

ISBN 978-4-582-73111-8